# Enseignement Chrétien

LES CIEUX RACONTENT LA GLOIRE DE DIEU

# NOTIONS USUELLES

par un INSPECTEUR DIOCÉSAIN

Nous avons douze Ans

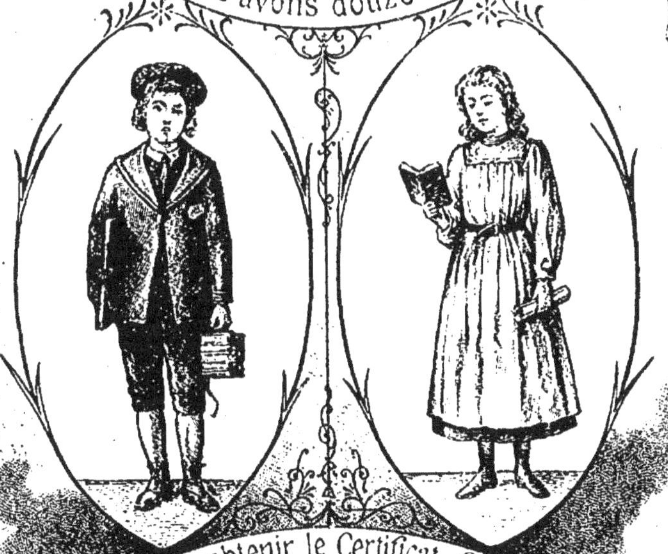

et nous voulons obtenir le Certificat Complémentaire

FERNAND & PAUL DELIGNE
IMPRIMEURS - EDITEURS DE L'ARCHEVÊCHÉ
CAMBRAI

# ENSEIGNEMENT CHRÉTIEN

# NOTIONS USUELLES

## INSPECTEUR DIOCÉSAIN

Nous avons douze ans

et nous voulons obtenir le certificat complémentaire.



## FERNAND ET PAUL DELIGNE

IMPRIMEURS-ÉDITEURS DE L'ARCHEVÊCHÉ, CAMBRAI

# AVERTISSEMENT DE L'AUTEUR

Que l'on veuille bien ne pas nous accuser de surcharger encore nos jeunes écoliers de connaissances inutiles ou dépassant leur portée.

Quoique ce livre puisse être utilement mis entre les mains des écoliers de dix, onze et douze ans, nous n'avons pas eu, en le composant, la pensée de nous adresser à tous, mais surtout au petit nombre de ceux qui veulent fréquenter la classe après l'âge de douze ans ; ce sont généralement les mieux doués et ils demandent naturellement à savoir quelque chose de plus que les autres.

Pour satisfaire à ce désir bien légitime, nous leur offrons ce livre destiné à leur faire **connaître et aimer le Créateur par l'étude de la création :**

*A l'œuvre on connaît l'artisan.*

# NOTE DES ÉDITEURS

Les livres traitant des **Notions Usuelles** ne sont pas rares ; ils se trouvent même très répandus dans les écoles publiques ; mais il suffit de les ouvrir pour cons-

4

tater qu'on en a banni toute idée de Dieu, Créateur et
Maître du monde ; aussi peut-on dire qu'aucun livre
n'existait dans ce genre pour l'enseignement chrétien

C'est cette lacune qu'a voulu combler l'auteur des
**Notions Usuelles,** que nous offrons aux Ecoles libres.

La plus grande clarté règne dans son ouvrage ; le texte
y est court, précis. Chaque paragraphe, qui ne comporte
que deux ou trois lignes, est numéroté et les numéros
correspondent à un questionnaire placé à la fin de chaque
chapitre.

Les divisions principales sont :

*L'Homme. — Les Animaux. — Les Végétaux. — Les
Minéraux. — L'Agriculture. — L'Industrie.*

L'exécution typographique de cette édition a été
soignée de près et très pratiquement disposée pour que
les enfants retiennent facilement les passages essentiels.

Quant aux gravures, elles ont été scrupuleusement
choisies et artistement dessinées de manière que les élèves
en retirent tous les avantages que la pédagogie moderne
attribue à l'instruction par l'image.

Aussi, en publiant cet ouvrage, nous espérons avoir
fait une œuvre qui leur sera non seulement **utile,** mais
aussi **agréable.**

On a réparti les êtres QUE DIEU A CRÉÉS
en trois grandes catégories :

La création du monde.

1° Les animaux **qui vivent et qui sentent ;**

2° Les plantes ou végétaux **qui vivent, mais ne sentent pas ;**

3° Les pierres ou minéraux qui **ne vivent pas et ne sentent pas.**

D'où les trois règnes de la création :

Panthère.    Rocher.    Plante.
(Règne animal).  (Règne minéral).  (Règne végétal).

1° Le règne **ANIMAL ;**

2° Le règne **VÉGÉTAL ;**

3° Le règne **MINÉRAL.**

# RÈGNE ANIMAL

## I — L'HOMME

### 1. — LE CORPS

Création de l'Homme.

**1.** L'homme est le **roi de la création,** parce que doué d'une **âme raisonnable et immortelle,** il possède des **qualités morales** qui l'élèvent bien au-dessus de toutes les créatures. Cependant, par son **organisation corporelle,** il se rattache au règne animal, au sommet duquel le place l'ensemble de ses **qualités physiques.**

**2.** Il y a **quatre** races différentes d'hommes : la race **blanche** ou caucasique ; la race **jaune** ou mongolique ; la race **noire** ou africaine ; la race **rouge** ou américaine.

**3. Tous les hommes descendent d'Adam et Eve ;** c'est une vérité que **l'Ecriture sainte** affirme très positivement et qui est constatée par la **science.**

Race blanche.

Race jaune.

Race noire.

Race rouge.

**4.** En effet, on retrouve chez **tous les hommes :** 1º le même fonds intellectuel et moral ; 2º les mêmes affections de famille ; 3º le même besoin de la vie sociale ; 4º le même instinct de la propriété, et 5º enfin le même don de la parole.

**5.** Quant à leur **différence de couleur,** elle est causée par la **différence de climat** et la température ; mais la composition essentielle de la peau est la même chez tous les hommes de toutes les races.

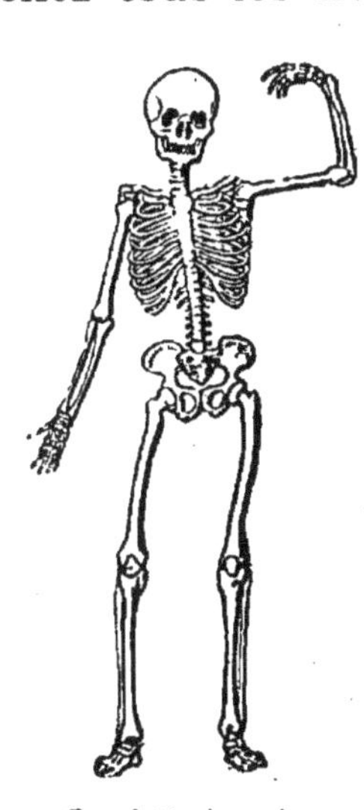

Squelette humain.

**6.** Le squelette est l'**ensemble des os** qui soutiennent le corps de l'homme **droit** et la face tournée vers **le ciel, pour lequel il a été créé.**

**7.** Les parties principales du squelette sont la **colonne vertébrale** qui supporte le **crâne,** c'est-à-dire la tête, et les **douze paires de côtes** qui forment la poitrine.

**8.** Les os, comme ceux des bras et des jambes, sont attachés les uns à la suite des autres par des bandelettes non élastiques appelées **ligaments.**

**9.** Il faut éviter tout mouvement violent qui, en tiraillant trop un ligament, produirait une **entorse** ou même une **luxation** en déplaçant les os.

**10.** Les os sont mis en mouvement **au moyen des**

**muscles,** espèce de filaments rouges contractibles et dilatables, fixés aux os et protégés par la peau.

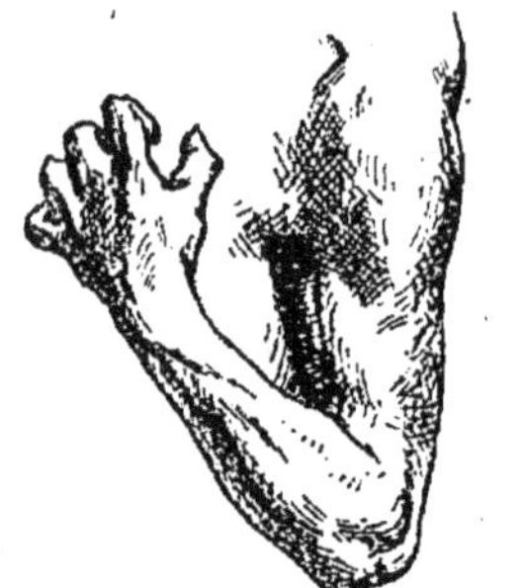
Muscles du bras.

**11.** Les muscles opèrent leurs contractions et leurs dilatations **sous l'influence de la volonté,** c'est-à-dire de l'**âme** qui veut et qui ordonne. D'où l'on voit combien l'**âme** est plus noble que le corps, puisque **c'est elle qui commande.**

*1. L'homme est-il le roi de la création ? — 2. Quelles sont les différentes races d'hommes ? — 3. Est-ce que tous les hommes descendent d'Adam et Ève ? — 4. A quoi la science reconnaît-elle l'unité d'espèce dans tous les hommes ? — 5. Comment explique-t-on la différence de couleur entre les races d'hommes ? — 6. Qu'appelle-t-on le squelette dans l'homme ? — 7. Quelles sont les parties principales du squelette ? — 8. Par quoi les os sont-ils reliés entre eux ? — 9. Quels accidents faut-il éviter aux ligaments ? — 10. Par quoi les os sont-ils mis en mouvement ? — 11. Sous quelle influence les muscles opèrent-ils leurs contractions et leurs dilatations ?*

## 2. — LE SANG

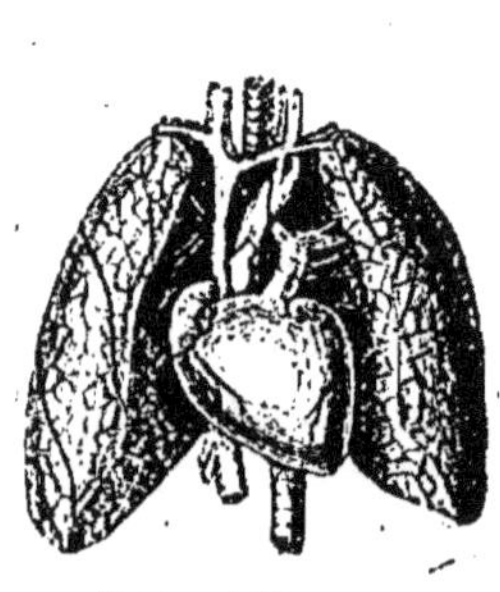
Cœur et Poumons.

**1.** Le sang est un **liquide jaunâtre** dans lequel nagent une infinité de **globules rouges ;** il renferme tous les éléments de notre corps au point qu'on peut l'appeler de la chair coulante.

**2.** Le sang est mis en mouvement par les **battements du cœur ;** il circule dans des tubes appelés **artères**

et **veines ;** ces tubes sont reliés entre eux par les **vaisseaux capillaires** qui tapissent toute notre peau.

**3.** Le cœur est un **muscle creux,** gros comme le poing et partagé en **quatre cavités,** dont deux sont appelées **oreillettes** et les deux autres **ventricules.**

**4.** La circulation du sang est double : il y a la **grande** et la **petite** circulation.

**5.** Dans la grande circulation, le sang **pur** part du

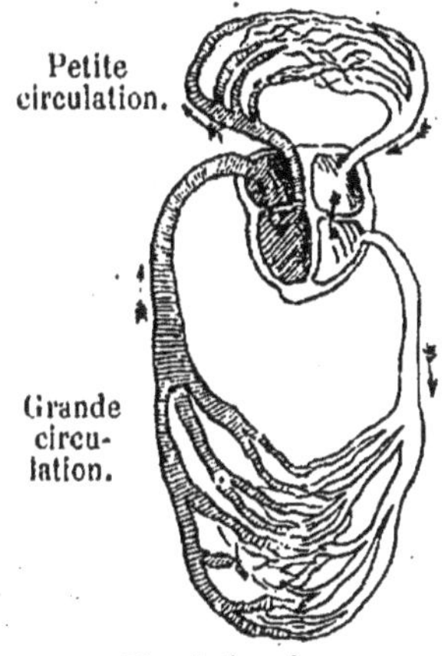

Circulation du sang.

ventricule gauche ; il se rend par l'artère aorte jusque dans les vaisseaux capillaires d'où il revient **impur** à travers les v nes se déverser dans **l'oreillette droite.**

**6.** Dans la petite circulation, le sang **impur** se rend du **ventricule droit** par une artère dans le poumon ; là **il se purifie** au contact de l'air et revient ensuite par les veines pulmonaires dans **l'oreillette gauche.**

**7.** On peut sentir les battements du cœur non seulement à la poitrine, mais encore à tous les endroits où une **artère** assez grosse se trouve **voisine de la peau.** Au poignet on appelle ce mouvement le **pouls.**

**8.** Le but de la respiration est de **mettre l'air en contact avec notre sang** pour le purifier en lui prenant son acide carbonique et en lui cédant de l'oxygène.

**9.** Quand on ne peut plus respirer, le sang reste

**empoisonné** par l'acide carbonique et amène la mort par **asphyxie.**

**10.** L'appareil respiratoire comprend la **bouche,** le **larynx,** la **trachée-artère,** les **bronches** et les **poumons.**

**11.** La voix est produite par les **vibrations des cordes vocales** situées dans le larynx et que nous mettons en mouvement quand nous chassons rapidement l'air en dehors.

Il faut aérer les chambres.

**12.** L'hygiène de la respiration prescrit de ne jamais déposer de **fumier** près des ouvertures de la maison ; d'**aérer** fréquemment les chambres à coucher et les salles communes ; de ne jamais brûler du **charbon** au milieu d'une pièce ou dans un poêle qui tire mal ; enfin, d'éviter autant que possible d'habiter des lieux **humides.**

---

*1. Qu'est-ce que le sang ? — 2. Pourquoi et dans quoi le sang circule-t-il ? — 3. Qu'est-ce que le cœur ? — 4. Que savez-vous sur la circulation du sang ? — 5. Décrivez la grande circulation ? — 6. Décrivez la petite circulation ? — 7. Où peut-on sentir les battements du cœur ? — 8. Quel est le but de la respiration ? — 9. Qu'arrive-t-il quand on ne peut plus respirer ? — 10. De quoi se compose l'appareil respiratoire ? — 11. Expliquez la production de la voix ? — 12. Quelles sont les prescriptions de l'hygiène relatives à la respiration ?*

# 3. — LE SYSTÈME NERVEUX ET LES ACCIDENTS

**1.** L'homme est une **créature intelligente**, c'est-à-dire possédant une **âme** capable de **penser**, de **réfléchir**, d'**expliquer** ce qu'elle fait.

**2.** L'âme est unie au corps simplement comme la lumière est unie au cristal qu'elle éclaire **sans se confondre** avec lui.

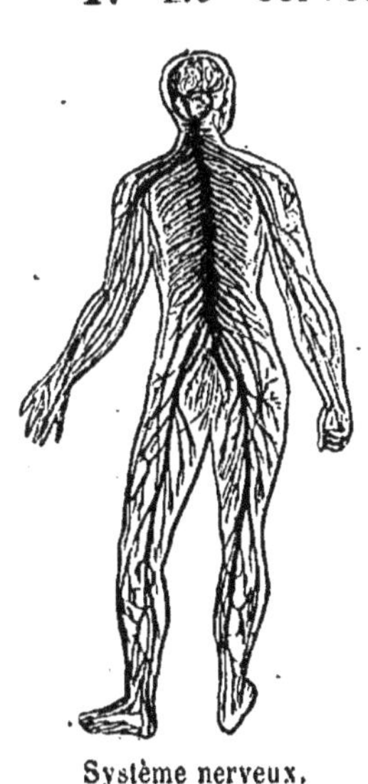
Le Cerveau.

**3.** L'organe de l'intelligence est le **cerveau** qui reçoit les impressions perçues par les organes de nos cinq sens ; c'est une masse molle, blanche, en forme d'œuf, à surface plissée, logée **dans le crâne.**

**4.** Le cerveau a comme prolongement la **moelle épinière**, espèce de gros cordon blanc qui s'engage **à l'intérieur de la colonne vertébrale.**

**5.** De la moelle épinière s'échappent des cordons plus petits appelés **nerfs**, qui se multiplient de plus en plus jusqu'à la peau, pour **la tapisser intérieurement** comme les vaisseaux capillaires du sang.

**6.** Il y a deux espèces de nerfs : les **nerfs sensibles** qui transmettent au cerveau les impressions venues du dehors, comme un son, une piqûre et

Système nerveux.

les **nerfs moteurs** qui portent du cerveau aux muscles les ordres de la volonté.

7. Personne ne peut expliquer comment les **impressions** reçues par les organes de nos cinq sens **éveillent** des **idées** dans notre intelligence, ni comment un simple **désir** de la volonté met tout le **corps** en mouvement : **c'est le secret de Dieu qui a fait l'homme à son image.**

8. On appelle **foulure** le déchirement d'un ligament, produit par un mouvement violent ; quand l'os a été déboîté, on dit que c'est une **luxation.**

Pansement d'une fracture.

9. Contre une foulure, il faut, en attendant le médecin, appliquer sur les endroits malades des **linges mouillés** bien frais que l'on renouvelle souvent.

10. On appelle **fracture** le **bris d'un os ;** en attendant le médecin, on peut **rapprocher,** en les sentant à travers la peau, les deux extrémités de l'os brisé et les replacer bout à bout ; on **serre** ensuite légèrement le tout avec une bande de **linge mouillé,** et on place le membre malade sur un oreiller.

11. Quand une personne a avalé du **poison,** il faut provoquer des **vomissements** le plus tôt possible en lui chatouillant le fond de la gorge avec une plume d'oiseau ; ensuite on lui fera boire du **lait.**

**12.** Pour arrêter un **saignement de nez,** on produit le **refroidissement** brusque du cou avec de l'eau ou en plaçant une clé entre les deux épaules ; en même temps on maintient en l'air le bras correspondant au côté du nez par lequel le sang coule.

**13.** Contre les **brûlures** on emploie des compresses d'**eau froide ;** s'il se forme des clochés, on les pique pour les vider mais sans les déchirer, et l'on entoure la plaie avec de l'ouate.

Abel tué par Caïn.

**14.** Il y a d'autres accidents qui peuvent avoir des suites dangereuses comme les chutes sur les **genoux,** les coups de pieds dans le **ventre,** les coups de poing dans le **dos** et sur la **tête.**

**15.** C'est sans doute par un simple **coup** que fut accompli le **premier meurtre,** car la Sainte Écriture dit que Caïn **se jeta sur** son frère Abel et le tua.

---

# 4. — L'HYGIÈNE

Hygiène. — Gymnastique.

**1.** L'hygiène est une science qui a pour but de rechercher **les meilleures conditions de la santé** et de trouver les moyens de la conserver.

**2.** L'hygiène nous prescrit : 1° **le mouvement,** c'est-à-dire la marche, la course, la gymnastique ; 2° **le repos,** c'est-à-dire le sommeil pris la nuit et juste autant qu'il en faut pour réparer les forces ; 3° **la propreté,** c'est-à-dire les bains complets et les ablutions partielles de la figure, des mains et des pieds.

**3.** Cependant il faut éviter de donner au corps des **soins excessifs;** ce serait un danger, car on risquerait d'éveiller en lui des appétits pareils à ceux des animaux, **au détriment de l'âme.**

Hygiène. — Ablutions.

**4.** Les cinq sens de l'homme sont : la **vue, l'ouïe, l'odorat,** le **goût** et le **toucher;** leurs organes sont : **l'œil, l'oreille, le nez, la langue** et la **peau.**

**5.** Il faut éviter pour la vue, la lumière **trop forte** ou **trop faible** qui la fatigue ; pour l'ouïe, les **coups d'air** et les **refroidissements ;** pour l'odorat, les odeurs **empoisonnées ;**

Hygiène. — Jeux.

Raisin.
(VIN)

Orge et Houblon.
(BIÈRE)

Pomme.
(CIDRE)

Poire.
(POIRÉ)

pour le goût, la **gourmandise** ; pour le toucher, la **malpropreté**.

**6.** On peut développer les organes des sens par un **exercice bien réglé**. C'est ainsi que le musicien perçoit des sons que les autres n'entendent pas ; le peintre voit dans les couleurs des nuances qui échappent au public ; l'aveugle a un toucher plus délicat que le nôtre.

**7.** Il faut manger **pour vivre** et non pas vivre pour manger, car ce n'est pas ce que l'on mange qui nourrit, mais **ce que l'on digère**.

**8.** La digestion a pour but de **dissoudre** les aliments et de les **transformer** de manière que nous puissions nous les **assimiler**.

**9.** Elle s'opère dans la **bouche**, **l'œsophage**, **l'estomac** et les deux **intestins** ; ces organes forment ce que l'on appelle l'**appareil digestif**.

**10.** La meilleure nourriture habituelle est celle qui consiste en aliments **végétaux**, avec **un peu de viande**.

**11.** Il faut **manger lentement** et **mâcher complètement** les aliments ; il faut aussi ne manger que ce

**qu'on pourra digérer** de façon à satisfaire simplement la faim sans vouloir sortir de table rassasié.

**12.** Les meilleures boissons sont : d'abord l'**eau** bien pure et fraîche ; ensuite le **vin,** produit de la fermentation du jus de raisin, enfin la **bière** qui est une infusion d'orge germée et torréfiée.

« Mon pauvre mari n'est pourtant pas méchant mais l'alcool le rend fou furieux ».

**13. L'alcool n'est pas un aliment** et l'emploi habituel des boissons alcooliques amène des désordres dans l'appareil digestif ; l'usage excessif de ces liqueurs conduit même à la **folie** et à la **mort.**

**14.** La gourmandise est **un des sept péchés capitaux** qui offensent Dieu gravement et sont la source de beaucoup d'autres péchés.

**15.** La **sobriété,** au contraire, en retenant l'amour du boire et du manger dans les **justes limites du besoin,** nous **fortifie** contre les tentations du démon.

---

*1. Qu'est-ce que l'hygiène ? — 2. Indiquez quelques prescriptions générales de l'hygiène? — 3. Quel danger faut-il éviter en observant ces prescriptions ? — 4. Quels sont les cinq sens de l'homme et leurs organes ? — 5. Quelles précautions faut-il prendre pour les conserver en bon état ? — 6. Peut-on développer les organes des sens? — 7. Dans quelle mesure faut-il manger? — 8. Quel est le but final de la digestion? — 9. Dans quels organes s'opère la digestion? — 10. Quelle est la nourriture habituelle qui convient le mieux à l'homme? — 11. Quelles règles doit-on suivre pour rendre la digestion facile ? — 12. Quelles sont les meilleures boissons ? — 13. Que faut-il penser des boissons alcooliques ? — 14. Pourquoi devons-nous éviter la gourmandise ? — 15. Quelle est la vertu opposée à la gourmandise ?*

# II — LES ANIMAUX

## 1. — CLASSIFICATION ; VERTÉBRÉS

**1.** On a classé les animaux en **quatre** groupes principaux qui sont : les **vertébrés,** les **annelés,** les **mollusques** et les **zoophytes.**

**2.** Les vertébrés se rapprochent de l'homme parce que, comme lui, ils ont un squelette, (c'est-à-dire des os), et du **sang rouge ;** par exemple : le chat, la poule, etc.

**3.** Il n'est pas permis de dire que l'homme est un singe transformé, car cette croyance est : 1° contraire à l'enseignement de la **Sainte Ecriture** qui affirme que l'homme est **sorti des mains de Dieu ;** 2° contraire à la Science qui constate entre le singe et l'homme une **distance infranchissable.**

Squelettes de vertébrés.

**4.** En effet : 1° des savants ont prouvé **par des expériences** que les différentes espèces d'animaux ne se transforment pas ; 2° à aucune époque de l'histoire on ne trouve trace de cette prétendue transformation ; 3° en examinant les restes des animaux

Main de singe.   Main humaine.



2

*fossiles* (1), on ne constate pas qu'ils aient été **moins parfaits** qu'aujourd'hui, au contraire.

**5.** Les **mollusques** ont le **corps mou** ; par exemple : la limace, etc., ce corps est souvent

La limace.

protégé par une **coquille** dans laquelle ils peuvent s'enfermer ; par exemple : l'escargot, la moule, etc.

Moule.

**6.** Les **annelés** ont le **corps mou, formé d'anneaux** reliés entre eux ; leur peau est assez résistante ; par exemple : le hanneton, le ver, etc.

**7.** Les **zoophytes** ressemblent à des plantes ; ils sont formés d'un **noyau** central d'où partent des sortes de **branches** ; il vivent presque tous **au fond de la mer** ; par exemple : l'étoile de mer, etc.

Hanneton.

**8.** Le groupe des vértébrés se divise en **cinq** classes : les **mammifères**, les **oiseaux**, les **reptiles**, les **batraciens** et les **poissons**.

**9.** Les **mammifères** ont un **corps chaud** ; ils **allaitent** leurs petits ; ils respirent à l'aide de **poumons** ; ils ont **quatre membres** et sont plus ou moins recouverts de **poils**.

**10.** On peut les diviser en **carnivores,** qui mangent de la chair et en **herbivores** qui mangent des végétaux.

_______________

(1) Expliquer ce mot aux enfants.

**11.** Les principaux carnivores sont : les **quadrumanes** qui ont quatre mains (singe) ; les **carnassiers** qui se nourrissent presque uniquement de chair (chien, chat) ; les **insectivores** ou mangeurs d'insectes (taupes) et les **chauves-souris.**

Éléphant.

**12.** Les principaux herbivores sont les **pachydermes** qui ont la peau très épaisse et très dure (cheval, éléphant) ; les **ruminants** qui mâchent deux fois leurs aliments (vache, chameau) ; les **rongeurs** dont les dents tranchantes repoussent à mesure qu'elles s'usent (rat, lapin) ; les **amphibies,** qui vivent dans l'eau et dans l'air (phoque), et les **cétacés** qui ressemblent aux poissons et vivent dans l'eau (baleine, cachalot).

Baleine.

---

*1. Comment a-t-on classé les animaux pour les bien connaître ? — 2. Quels sont les caractères généraux des vertébrés ? — 3. Peut-on dire et croire que l'homme est un singe transformé ? — 4. Comment la science prouve-t-elle l'impossibilité de cette transformation ? — 5. Quels sont les caractères distinctifs des mollusques ? — 6. Quels sont les caractères particuliers des annelés ? — 7. Qu'est-ce que les zoophytes ? — 8. Comment divise-t-on le groupe des vertébrés ? — 9. A quoi reconnaît-on les mammifères ? — 10. Y a-t-il plusieurs sortes de mammifères ? — 11. Nommez les principaux carnivores ? — 12. Les principaux herbivores ?*

# 2. — OISEAUX ; REPTILES

Coq et Poule.

**1.** Les oiseaux ont le corps recouvert de **plumes** ; ils ont deux **pattes**, deux **ailes** et un **bec** corné qui remplace les dents.

**2.** A l'intérieur ils ont un petit renflement appelé **jabot**, dans lequel séjournent les graines avant de passer dans l'estomac ; ils avalent de petits cailloux pour triturer les graines dont ils se nourrissent et ils pondent des **œufs.**

**3.** La classe des oiseaux est divisée en **six** ordres : les rapaces, les passereaux, les grimpeurs, les gallinacés, les échassiers et les palmipèdes.

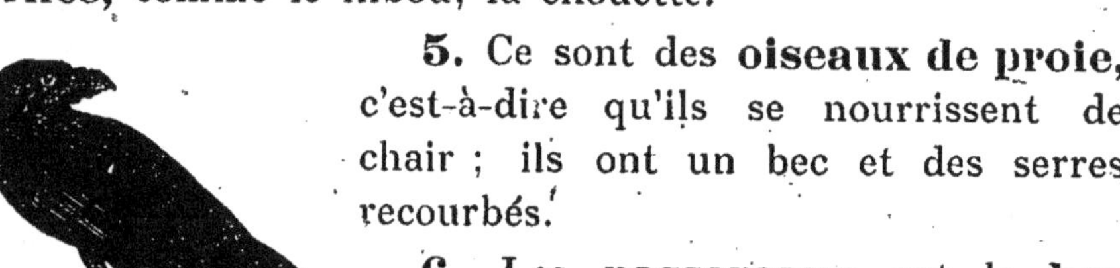

Hibou.

**4.** Il y a les **rapaces diurnes,** comme l'aigle, le vautour, et les **rapaces nocturnes,** comme le hibou, la chouette.

Corbeau.

**5.** Ce sont des **oiseaux de proie,** c'est-à-dire qu'ils se nourrissent de chair ; ils ont un bec et des serres recourbés.

**6.** Les **passereaux** ont le **bec pointu** et se nourrissent ordinairement d'insectes, comme le corbeau, la grive, le moineau, etc.

**7.** Les **grimpeurs** s'appellent ainsi parce qu'ils ont les doigts disposés pour se tenir aux branches des arbres ; par exemple : le perroquet, le colibri.

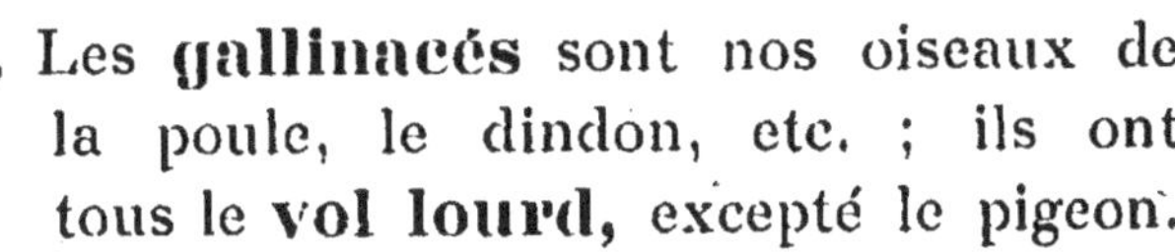

Colibri.

basse-cour, comme

**8.** Les **gallinacés** sont nos oiseaux de la poule, le dindon, etc. ; ils ont tous le **vol lourd,** excepté le pigeon.

**9.** Les **échassiers** ont le pied, le cou et le bec très **allongés,** comme l'autruche, la bécasse, etc. ; ils vivent de reptiles, de mollusques et de poissons.

**10.** Les **palmipèdes** ont les pieds palmés, c'est-à-dire que **leurs doigts sont reliés par une membrane,** ce qui facilite la **nage ;** ils marchent difficilement, mais volent très bien ; par exemple : le canard, la mouette, etc.

Dindon.

Canard.

**11.** Les **reptiles** n'ont pas de pattes ou si courtes qu'ils ne peuvent avancer qu'en rampant sur le sol ; ils sont recouverts d'**écailles** plus ou moins résistantes et ils ont le sang presque **froid.**

**12.** On distingue **trois** genres de reptiles : les tortues, les lézards et les serpents.

Echassier.

**13.** Il y a des **tortues** de mer, de rivière et de terre ; leurs lèvres sont cornées et elles sont toutes recouvertes d'une carapace avec laquelle on fabrique des objets en écaille.

Tortue.

léon qui change de couleur

**14.** Les **lézards** comprennent : 1° les crocodiles dont la solide mâchoire est très redoutable, 2° le caméléon qui change de couleur et 3° les lézards inoffensifs de nos pays.

Lézard.

**15.** Les **serpents** n'ont pas de membres ; ils possèdent des dents pointues qui chez quelques - uns communiquent un poison mortel.

**16.** Les serpents **venimeux** sont la vipère et le serpent à sonnettes ou à lunettes ;

Serpent.

les serpents **non venimeux** sont la couleuvre et le boa.

---

1. *Quels sont les caractères particuliers des oiseaux à l'extérieur ?
— 2. Indiquez ce qu'ils ont de spécial à l'intérieur ? — 3. Comment
divise-t-on la classe des oiseaux ? — 4. Combien y a-t-il de sortes de
rapaces ? — 5. Quel est leur genre de vie ? — 6. A quoi reconnaît-on les
passereaux ? — 7. Pourquoi les grimpeurs s'appellent-ils ainsi ? — 8. Connaissez-vous des gallinacés ? — 9. Indiquez ce qui distingue les échassiers ?
— 10. Pourquoi les palmipèdes sont-ils ainsi appelés ? — 11. Que savez-vous
sur les reptiles en général ? — 12. Combien y a-t-il de genres de reptiles ?
— 13. Que savez-vous sur les tortues ? — 14. Décrivez les lézards et
nommez-en ? — 15. Indiquez ce qui distingue les serpents ? — 16. Nommez
les serpents venimeux et non venimeux ?*

# 3. — BATRACIENS ; POISSONS

**1.** Les **batraciens**, ont la **peau nue** ; ils possèdent **quatre pattes** et passent une grande partie de leur vie **dans l'eau.**

Transformations de la Grenouille.

**2.** On les appelle aussi **amphibiens** parce qu'ils ont **deux vies** consécutives et différentes.

**3.** Dans leur première vie, les batraciens ont la forme de petits poissons et vivent **complètement dans l'eau.**

**4.** Au bout de quelques semaines, **ils se transforment** complètement et deviennent des animaux à quatre pattes, obligés de **sortir de l'eau pour respirer** l'air.

**5.** La **grenouille** et le **crapaud** sont des batraciens.

**6.** Dieu s'est servi des grenouilles pour la **seconde plaie d'Egypte.** Moïse étendit sa verge sur les eaux de l'Egypte et il en surgit une multitude de grenouilles, qui se répandirent partout et devinrent un véritable supplice pour les habitants.

Branchies du poisson.

**7.** Les **poissons** ont le corps recouvert d'**écailles** ; au lieu de pattes ils possèdent des **nageoires ;** ils respirent par des **branchies** l'air contenu dans l'eau.

Maquereau.

**8.** Les poissons possèdent une espèce de ballon intérieur

Sole.

plein d'air qu'ils **gonflent** et **dégonflent** selon qu'ils veulent s'élever ou s'abaisser dans l'eau ; on l'appelle **vessie natatoire.**

9. Les **gros** poissons **mangent** les **petits** qui se multiplient prodigieusement ; ainsi le hareng pond 50.000 œufs par an.

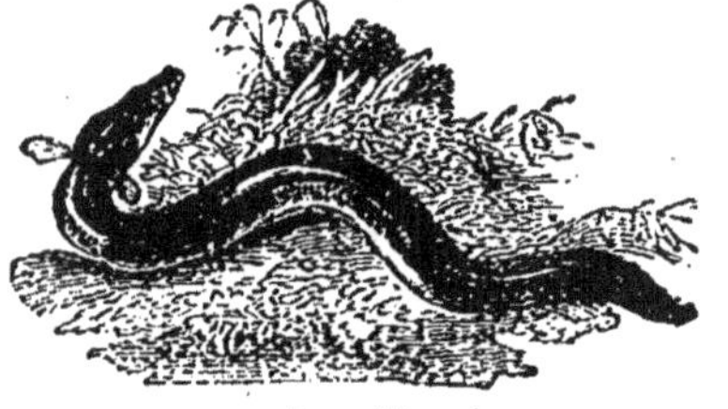
Anguille.

10. Les uns ont la forme d'une **nacelle** comme le maquereau, la morue ; d'autres ont la forme d'un **serpent** comme les anguilles ; d'autres enfin sont **plats** comme la sole et la raie.

11. Dans l'Histoire Sainte, on parle des poissons à propos du voyage du jeune **Tobie**, de la **pêche miraculeuse**, de la **multiplication** des pains et du paiement de l'**impôt.**

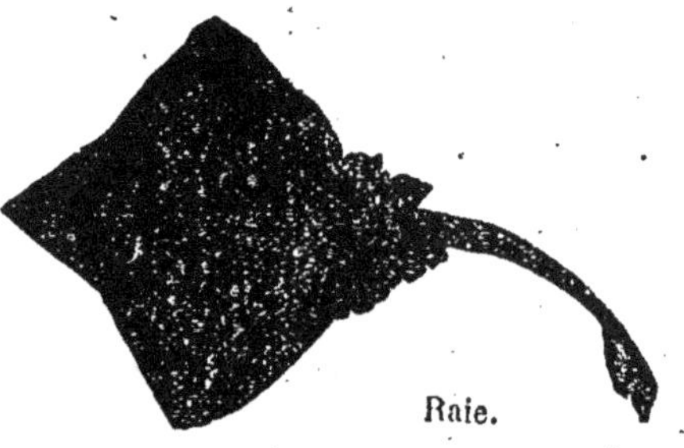
Raie.

---

1. *Quels sont les caractères généraux des batraciens ? — 2. Pourquoi les appelle-t-on amphibiens ? — 3. Que sont-ils dans leur première vie ? — 4. Quels changements subissent-ils ensuite ? — 5. Connaissez-vous des batraciens ? — 6. N'est-il pas question des grenouilles dans l'Histoire Sainte ? — 7. Quelles remarques avez-vous à faire sur les poissons ? — 8. Qu'est-ce que la vessie natatoire des poissons ? — 9. De quoi les poissons vivent-ils ?. — 10. De quelles formes sont-ils ? — 11. N'est-il pas question des poissons dans l'Histoire Sainte ?*

# 4. — INSECTES ; CRUSTACÉS, etc.

**1.** Les annelés n'ont pas de squelette intérieur ; **leur corps est formé d'anneaux ;** par exemple : les vers, les insectes et les araignées.

Les enfants dénicheurs exposent leur vie et causent un grand dommage à l'agriculture.

Chenille.

**2.** Les **insectes** se multiplient en nombre prodigieux ; ils sont **presque tous nuisibles** et s'attaquent aux plantes, aux animaux, à l'homme même.

**3.** Mais la **Providence** a pourvu à notre protection contre eux, d'abord en permettant que les insectes **se détruisent les uns les autres,** et puis en nous envoyant les petits **oiseaux** qui en font leur nourriture habituelle. Aussi, les enfants ne devraient jamais se permettre de **dénicher les oiseaux.**

Il est interdit de détruire les nids des petits oiseaux.

**4.** Les insectes subissent des **métamorphoses,** c'est-à-dire des transformations : au sortir de l'œuf, l'insecte ressemble à un ver qu'on appelle **larve ou chenille ;**

Ver à soie.

Cocon.

Papillon.

puis cette larve devient **chrysalide,** c'est-à-dire qu'elle s'enferme dans une feuille d'arbre ou dans un **cocon de soie** fabriqué par elle-même ; après un certain temps, l'animal s'échappe à l'état **d'insecte** parfait comme le papillon.

**5.** Les insectes les plus connus sont : le **hanneton,** la **sauterelle,** les **abeilles,** les **mouches,** les **puces,** etc.

**6.** Dieu s'est servi des insectes **pour punir Pharaon** qui s'opposait au départ des Israélites ; il suscita une quantité considérable de mouches et de sauterelles, qui **tourmentèrent** les Egyptiens et **dévastèrent** leurs récoltes.

**7.** Les **crustacés** ont la peau recouverte d'une matière calcaire et dure, comme les crevettes, l'écrevisse, le homard ; les **vers** n'ont pas de pattes, et chez eux la tête ne se distingue pas du corps.

Homard.

**8.** Les **mollusques** ont le corps **mou** et sans articulation ; ils sont généralement enfermés dans une **coquille** pierreuse et vivent presque tous **dans l'eau.**

**9.** Les plus connus sont la **limace, l'escargot, l'huître,** la **moule ;** chez ces deux dernières, la tête ne se distingue pas du corps.

Escargot.

**10.** Les **zoophytes** ont des formes très bizarres ; ils ressemblent soit à des fleurs, soit à des champignons, soit à des châtaignes. C'est à cause de cela qu'on les appelle **animaux plantes.**

**11.** Le **corail** est une sorte d'arbre d'un beau rouge que fabriquent certains petits zoophytes appelés **polypes du corail.**

Corail.

**12.** Les **éponges** sont aussi des sortes de plantes que fabriquent certains petits zoophytes vivant en colonies au fond de la mer.

---

*1. Quelle différence y a-t-il entre les vertébrés et les annelés ? — 2. Qu'avez-vous à dire des insectes ? — 3. Comment la Providence a-t-elle pourvu à notre protection contre les insectes ? — 4. N'y a-t-il pas quelque chose d'extraordinaire dans la vie des insectes ? — 5. Nommez les insectes connus ? — 6. Est-il question des insectes dans l'Histoire Sainte ? — 7. Que remarquez-vous de particulier chez les crustacés et les vers ? — 8. Quels sont les animaux qu'on appelle mollusques ? — 9. Nommez quelques mollusques connus ? — 10. Quelle remarque avez-vous à faire sur les zoophytes ? — 11. D'où vient le corail ? — 12. D'où viennent les éponges ?*

# 5. — ANIMAUX NUISIBLES & UTILES

Le Péché originel.

**1.** Certains animaux nous sont **directement nuisibles** comme : 1° ceux qui nous mangent, 2° ceux qui vivent à nos dépens sur nous ou en nous et 3° ceux qui, par leurs morsures, nous causent des maladies. D'autres nous sont **indirectement nuisibles** en s'attaquant aux animaux ou aux végétaux dont nous avons besoin.

**2.** Dieu n'a pas fait les animaux nuisibles pour l'homme ; c'est **depuis le péché originel** que les animaux et toute la nature se sont **révoltés** contre l'homme, comme il s'était **révolté** contre Dieu.

Lion.

**3.** Comme animaux **directement nuisibles** on peut citer, parmi ceux qui nous mangent : le lion, le tigre, etc. ; parmi ceux **qui vivent sur nous et en nous :** le pou, la puce, la punaise, le ver solitaire, etc. ; parmi ceux dont les **morsures** sont mauvaises : les serpents, les araignées, etc.

Tigre.

**4.** Le **venin** des morsures est dangereux **s'il passe dans le sang ;** on peut au contraire en avaler sans inconvénient.

Loup.

**5.** On peut donc sans crainte **sucer** immédiatement une morsure venimeuse, puis **serrer** fortement le membre mordu avec une ficelle et **cautériser** la plaie avec une grosse aiguille rougie à blanc.

**6.** Parmi les animaux **indirectement nuisibles,** il y a les **renards** et les **loups** qui s'attaquent aux basses-cours et aux animaux domestiques ; le **phylloxera** qui détruit la vigne ;

Renard.

les **loirs** qui mangent nos fruits ; les **criquets** qui dévastent les moissons, etc.

Loir.

**7.** Les animaux nous sont **utiles** soit parce qu'ils servent à notre **alimentation,** soit parce qu'ils nous aident dans nos **travaux,** soit parce qu'ils nous fournissent la matière première de nos **vêtements.**

**8.** On peut dire que d'une façon générale l'homme se nourrit de la chair de tous les animaux. Cependant, il fait ordinai-

Criquet.

rement usage de la chair des **animaux domestiques** et surtout du **bœuf** et du **mouton**.

Écureuil.

**9.** On appelle animaux domestiques ceux que l'homme a **domptés** et **associés à son travail**.

**10.** Pour nous vêtir, nous utilisons la **laine** du mouton et le **poil** des chèvres ; pour nous chausser, la **peau** du bœuf ; pour nous tenir chaud, la **fourrure** du castor, de l'hermine, etc. ; pour nous parer, les **plumes** des oiseaux, etc.

**11.** Avec les **dents de l'éléphant** on fabrique des objets en **ivoire**. La **baleine** nous fournit une couche énorme de graisse d'où on retire de l'**huile** en abondance; avec les fanons de sa **mâchoire** on fabrique les *baleines* du parapluie.

**12.** Il y a des animaux que l'homme doit protéger,

Chat.

comme le **chat** et le **hibou** qui nous aident à détruire les souris, les rats, les mulots ; puis les **oiseaux** et surtout les passereaux qui détruisent des quantités considérables d'insectes.

---

*1. Comment les animaux peuvent-ils nous être nuisibles ? — 2. Dieu a-t-il créé des animaux nuisibles ? — 3. Nommez des animaux directement nuisibles ? — 4. Le venin des morsures est-il toujours dangereux ? — 5. Que peut-on faire quand une morsure est venimeuse ? — 6. Nommez des animaux indirectement nuisibles ? — 7. Comment les animaux nous sont-ils utiles ? — 8. Quels sont ceux que nous utilisons pour l'alimentation ? — 9. Qu'appelez-vous animaux domestiques ? — 10. De quels animaux tirons-nous nos vêtements ? — 11. Qu'est-ce que nous retirons de l'éléphant et de la baleine ? — 12. Nommez quelques animaux que l'homme doit protéger ?*

# RÈGNE VÉGÉTAL

## I. — **LES PLANTES**

### 1. — LA GRAINE, LES RACINES, LA TIGE

**1.** On appelle **graine** toute semence que l'on confie à la terre pour qu'elle produise une plante, comme par exemple : un haricot, un pois, un grain de blé ou un grain de riz.

Germination du haricot.

**2.** Enfouis dans la terre, le haricot et le pois se fendent bientôt en **deux parties** appelées **cotylédons,** entre lesquelles on remarque une plante minuscule comprenant une **tigelle** ou petite tige, une **radicule** ou petite racine et une **gemmule** d'où sortiront les feuilles.

**3.** Le grain de blé ou de riz au contraire **reste entier,** ne formant qu'un cotylédon.

**4.** Par suite de cette différence on a classé les plantes en trois catégories, savoir : 1° les **dicotylédones,** dont la graine a deux cotylédons, comme le **haricot,** le **pois** ; 2° les **monocotylédones,** dont la graine ne forme qu'un cotylédon, comme le **blé,**

Champignons.

le riz, l'avoine ; 3° les **acotylédones,** qui n'ont pas de graines, comme le **champignon.**

5. Les cotylédons de la graine servent de **nourriture** à la jeune plante, jusqu'à ce qu'elle puisse la trouver elle-même.

6. Certaines graines, comme les pois et les haricots, servent, après cuisson, à notre **alimentation ;** d'autres comme le blé et le seigle, fournissent, après mouture, des **farines** alimentaires ; d'autres encore, comme le colza et l'œillette produisent, après compression, de l'**huile;** etc., etc.

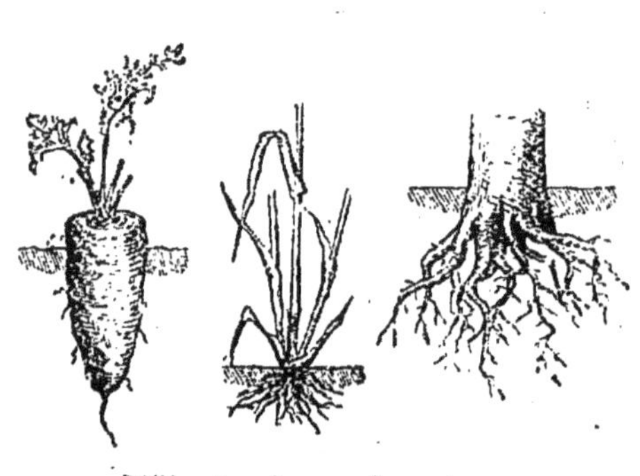
Différentes formes de racines.

7. Les racines de la plante servent à la **fixer** dans le sol et à la **nourrir,** en absorbant l'eau dont la terre est toujours plus ou moins imprégnée.

8. Certaines racines, comme les carottes et les navets, servent directement à notre **alimentation ;** d'autres, comme la rhubarbe, sont utilisées par la **médecine ;** d'autres enfin fournissent des matières colorantes pour l'**industrie.**

9. La tige est cette portion de la plante qui pousse **dans l'air** et supporte des feuilles.

10. Chez les dicotylédones, la tige **se ramifie en branches** qui supportent des feuilles ; chez les monocotylédones, au contraire, la tige ne porte pas de

La Menuiserie de Nazareth.

branches et les feuilles se trouvent **en bouquet** à son extrémité ou **enroulées** autour de la tige.

**11.** Les tiges fournissent des produits de la plus grande utilité, comme le chêne pour la **construction**, le noyer et l'acajou pour la fabrication des **meubles,** le lin et le chanvre pour le **tissage** des toiles, etc., etc.

---

1. *Qu'est-ce que la graine ? — 2. Quelle transformation subit le haricot que l'on a enfoui dans la terre ? — 3. En est-il de même du grain de blé ? — 4. Comment a-t-on classé les plantes ? — 5. A quoi servent les cotylédons de la graine ? — 6. Quel usage fait-on des graines ? — 7. A quoi servent les racines de la plante ? — 8. Quel usage fait-on des racines ? — 9. Qu'est-ce que la tige ? — 10. Quelle différence y a-t-il entre une tige de dicotylédone est une tige de monocotylédone ? — 11. A quoi les tiges sont-elles utilisées ?*

## 2. — LES FEUILLES, LES FLEURS LES FRUITS

**1.** Il y a deux sortes de feuilles : 1° la **feuille simple** comme celle du lilas et 2° la **feuille composée** de folioles comme celle du marronnier.

Feuilles simples.      Feuilles composées.

**2.** Pour rester **vertes,** les feuilles ont **besoin de lumière ;** elles blanchissent dans l'obscurité. Voilà pourquoi on lie les salades que l'on veut avoir jaunes.

**3.** La feuille est pour la plante un organe de **respiration** et de **transpiration,** par les petits trous qui la garnissent à sa partie inférieure.

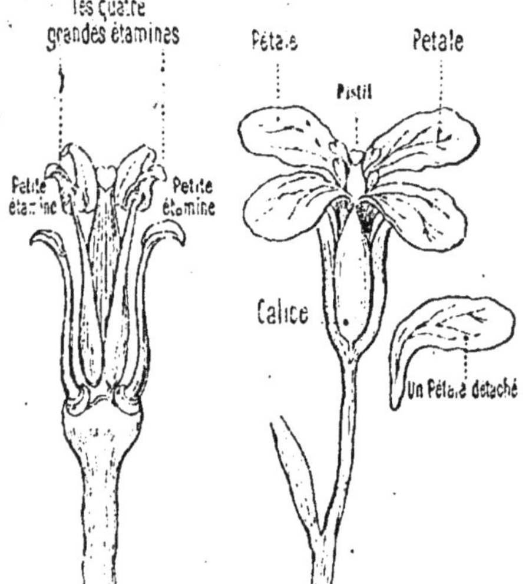


**4.** Dans une fleur **complète** comme celle du pommier, on distingue quatre parties, en commençant par l'extérieur : 1° les **sépales** dont l'ensemble s'appelle **calice ;** 2° les **pétales** dont la réunion forme la **corolle ;** 3° les **étamines** portant le **pollen ;** 4° le **pistil** surmontant un petit œuf appelé **ovaire.**

**5.** Toutes les fleurs n'ont pas cette disposition ; ainsi dans la fleur du liseron les **pétales** sont **soudés ensemble.**

**6.** Il y a aussi des **fleurs incomplètes** et comme la **corolle** est la partie la plus brillante de la fleur, si elle manque, c'est la fleur elle-même qui **paraît manquer.**

**7.** Enfin, une **même plante** peut avoir **plusieurs sortes** de fleurs, comme le **noisetier,** sur lequel on remarque au printemps des fleurs à pistil et des fleurs à étamines.

**8.** Pour que la fleur soit utile il faut que l'**ovaire puisse devenir fruit.** Cette transformation se produit quand le **pollen** des étamines s'est déposé sur le pistil : les **abeilles** aident beaucoup à ce transport.

**9.** Par conséquent les **organes essentiels** de la fleur sont les **étamines** et le **pistil,** tandis que ses parties **les plus brillantes** sont aussi **les moins utiles.**

**10.** Le fruit est donc produit par le développement de l'ovaire ; il contient les graines à l'intérieur.

**11.** Le fruit n'est pas toujours la **partie bonne à manger :** ainsi, dans une noix, le fruit du noyer c'est la coque verte, tandis que la partie intérieure que nous trouvons si bonne n'est en réalité que la **graine.** Il y a même des fruits qui sont des poisons.

Noix.

**12.** La **médecine** utilise un grand nombre de fleurs comme le tilleul, la camomille, etc. ; la **parfumerie** emploie des essences odorantes tirées de la rose, du jasmin, etc. ; d'autres, comme le safran, fournissent à **l'industrie** des matières colorantes. Quant aux fruits, la plupart sont comestibles.

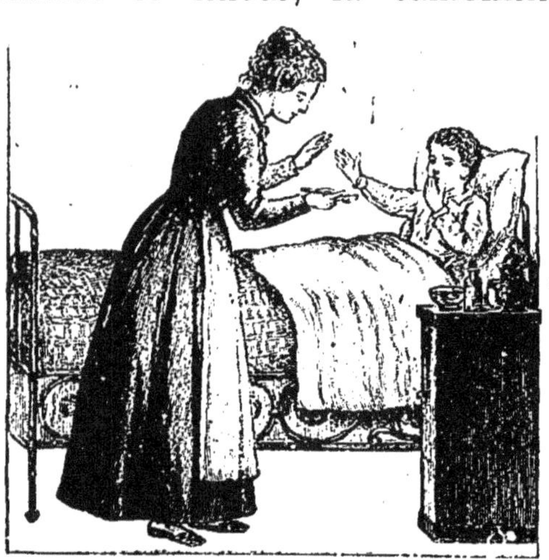

La médecine utilise un grand nombre de fleurs et de plantes.

**13.** Dans sa bonté Dieu a voulu que les plantes qui sont les plus **nécessaires** et les **meilleures** croissent dans **tous les pays ;** chaque contrée trouve dans sa culture les ressources indispensables aux premiers besoins de la vie.

---

*1. Combien y a-t-il de sortes de feuilles ? — 2. De quoi les feuilles ont-elles besoin pour rester vertes ? — 3. Quelles sont les fonctions de la feuille ? — 4. Combien de parties distingue-t-on dans une fleur complète comme celle du pommier ? — 5. Toutes les fleurs ont-elles la même disposition ? — 6. Les fleurs sont-elles toujours complètes ? — 7. Une même plante peut-elle avoir plusieurs sortes de fleurs ? — 8. En quoi la fleur est-elle utile ? — 9. Quelles sont les parties essentielles de la fleur ? — 10. De quoi provient le fruit ? — 11. Peut-on manger tous les fruits ? — 12. Quel parti a-t-on tiré des fleurs et des fruits ? — 13. Quelle remarque pouvez-vous faire sur les plantes en général ?*

# II — L'AGRICULTURE

## 1. — CONSTITUTION DU SOL, CULTURE

**1.** L'agriculture est **l'art de cultiver les champs** pour en retirer, avec l'aide de Dieu, les plantes nécessaires ou utiles aux hommes et aux animaux domestiques.

« Tu mangeras ton pain à la sueur de ton front. »

**2.** C'est **Dieu** lui-même qui a institué l'agriculture, quand il a dit à Adam : « Tu mangeras ton pain à la sueur de ton front, car la terre ne produira d'elle-même que des ronces et des épines. »

**3.** L'agriculture est indispensable à des sociétés **nombreuses** et **civilisées**; il n'y a que les races nomades et demi-sauvages qui la négligent.

Les moines ont enseigné à défricher et à cultiver la terre.

**4.** Dans notre pays, ce sont les **moines** qui, dès le ɪvᵉ siècle, tout en prêchant l'évangile aux Gaulois pour les civiliser, leur enseignèrent à défricher et à cultiver la terre.

**5.** La terre est le milieu dans lequel les plantes **développent leurs racines** et **puisent leur nourriture** ; on l'appelle terre végétale ou sol cultivable, labourable.

**6.** La bonne terre végétale doit nécessairement se composer de quatre éléments qui sont : **l'argile,** le **calcaire,** le **sable** et l'**humus.**

**7.** On appelle **terres franches** celles dans lesquelles ces quatre éléments sont mélangés dans des **proportions convenables.** Ce sont les terres les plus fertiles.

Argile.

**8.** **L'argile** ou glaise est une terre jaunâtre, douce au toucher ; en se desséchant, elle devient dure et se fendille en tous sens. On nomme terres **fortes** ou argileuses celles dans lesquelles domine l'argile.

**9.** Le **calcaire** est une pierre ordinairement blanchâtre que l'action du feu peut changer en chaux. On appelle terres **calcaires** celles où domine la chaux.

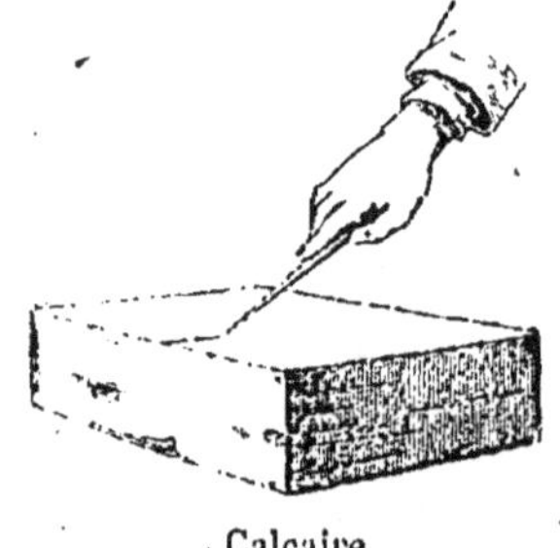
Calcaire.

**10.** Le **sable** est une poussière plus ou moins fine, formée de fragments de roches. On appelle terres **légères** ou sablonneuses celles où le sable domine.

**11.** L'humus ou **terreau** est une matière brunâtre formée par la décomposition des **débris** d'animaux, comme les os, les plumes, le sang, etc., ou de végétaux, comme les feuilles mortes.

**12.** On appelle **sous-sol** la couche de terre qui se trouve immédiatement au-dessous de la terre végétale.

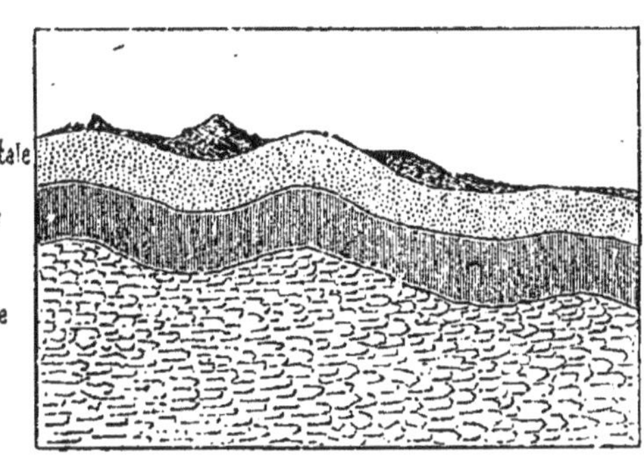

Coupe d'un terrain cultivable.

**13.** Le sous-sol exerce une **grande influence** sur la végétation, suivant sa qualité ; on dit qu'il est bon s'il est favorable à la nature de la terre végétale.

**14.** Sa principale fonction est **de retenir ou de laisser passer l'eau,** suivant les exigences de la terre végétale, afin que celle-ci ne soit ni trop sèche, ni trop humide.

---

*1. Qu'est-ce que l'agriculture ? — 2. Qui est-ce qui a institué l'agriculture ? — 3. L'agriculture est-elle bien importante ? — 4. Qui est-ce qui a introduit l'agriculture dans notre pays ? — 5. Qu'est-ce que la terre ? — 6. De quoi se compose la terre végétale ? — 7. Qu'appelle-t-on terres franches ? — 8. Qu'est-ce que l'argile ? — 9. Qu'est-ce que le calcaire ? — 10. Qu'est-ce que le sable ? — 11. Qu'est-ce que l'humus ? — 12. Qu'appelle-t-on sous-sol ? — 13. Quelle influence exerce le sous-sol sur la terre végétale ? — 14. Quelle est la principale fonction du sous-sol ?*

## 2. — ENGRAIS, ASSOLEMENT, AMENDEMENT

**1.** On appelle **assainissement** des terres, l'ensemble des travaux faits dans le but de faciliter **l'écoulement des eaux,** qui se trouvent dans le sol en trop grande abondance.

**2.** Ces travaux consistent dans l'établissement de fossés d'écoulement et d'un système de **drainage.**

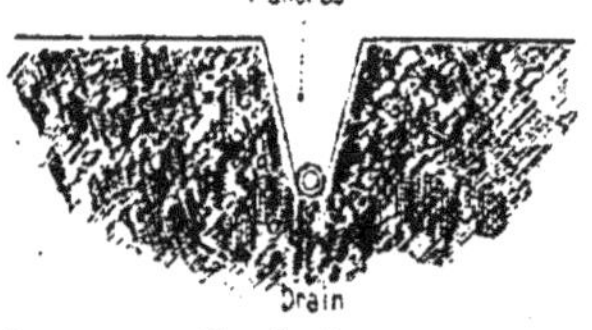

Le drainage.

**3.** Un drainage est une suite de **tranchées** dans lesquelles on pose des **tuyaux** de terre cuite.

**4.** On appelle **amendement** tout ce qui **corrige** le sol en **l'améliorant.** Les principaux amendements sont **l'argile,** le **sable** et les **calcaires.**

**5.** La **chaux** est nécessaire à toutes les terres ; elle achève la **décomposition des engrais** et les rend plus promptement assimilables.

Epandage des fumiers.

**6.** Les **engrais** sont des matières qu'on ajoute au sol pour remplacer les éléments nutritifs qu'il a perdus ; à la différence des amendements, **les engrais ne changent pas la composition du sol.**

**7.** On distingue **quatre** principales sortes d'engrais : les **engrais animaux**, les **engrais végétaux**, les **engrais mixtes** ou **fumiers** et les **engrais chimiques.**

**8.** Les **engrais animaux** sont composés des débris d'animaux comme le sang, le poil et les excréments ; ce sont les plus énergiques et les plus efficaces.

**9.** Les **engrais végétaux** sont des plantes à végétation rapide et à feuillage abondant que l'on enfouit dans le sol un peu avant leur pleine floraison ; tels sont le trèfle, le colza, etc.

**10.** L'engrais le plus commun est le **fumier** qui se compose d'un mélange de paille et de déjections solides et liquides des animaux.

**11.** Les **engrais chimiques** sont des matières minérales préparées par l'industrie et qui ont pour effet de compléter les engrais animaux et végétaux.

**12.** Le **labour** a pour but : 1° de rendre la terre meuble, 2° de l'aérer, 3° de détruire les plantes nuisibles, 4° de répartir les engrais et de les mettre à la portée des racines des plantes.

Labourage.

**13.** L'**assolement** est l'art de faire **alterner** les différentes cultures dans une terre de façon à lui conserver sa bonne qualité.

**14.** Pour bien pratiquer l'assolement, il faut savoir qu'il y a des **plantes épuisantes** comme les céréales qui murissent sur le sol et des **plantes améliorantes** comme les carottes et les pommes de terre.

**15.** Par conséquent, pour pratiquer l'assolement, il faut faire porter à une même terre **alternativement** différentes cultures et n'y point cultiver la même plante deux années **de suite.**

---

*1. Qu'est-ce que l'assainissement des terres ? — 2. En quoi consistent les travaux d'assainissement ? — 3. Qu'est-ce qu'un drainage ? — 4. Qu'appelle-t-on amendement en agriculture ? — 5. La chaux est-elle utile à l'agriculture ? — 6. Qu'est-ce que les engrais ? — 7. Combien y a-t-il de sortes d'engrais ? — 8. Qu'est-ce que les engrais animaux ? — 9. Les engrais végétaux ? — 10. Quel est l'engrais le plus commun ? — 11. Qu'est-ce que les engrais chimiques ? — 12. Pourquoi laboure-t-on la terre ? — 13. Qu'est-ce que l'assolement des terres ? — 14. Que faut-il savoir pour pratiquer l'assolement ? — 15. Comment faire pour bien pratiquer l'assolement ?*

# 3. — CÉRÉALES
# PRODUITS DE CULTURE

**1.** On appelle **céréales** les plantes dont **le grain sert à la nourriture** de l'homme et des animaux, comme le blé, l'avoine, l'orge, le seigle.

**2.** La plus importante des céréales est le **blé,** qui a un grain jaune de forme un peu ovale.

**3.** Dans le **Nord,** le blé reste en terre de **huit à neuf mois.** On le sème en Octobre et Novembre et on ne le récolte guère avant la fin du mois de Juillet ; mais, dans le **Midi** de la France, la moisson se fait en Juin.

Blé.  Orge.  Seigle.  Avoine.

**4.** Avant de semer le blé, il faut **ameublir le sol** par un ou plusieurs labours et en même temps **le fumer** le plus possible.

Semailles.

**5.** Le blé **résiste au froid** et aime les **terrains secs.**

**6.** Après le blé, la plus utile de nos céréales est l'**avoine,** qui a un grain noir ou jaunâtre et qui sert de nourriture au cheval.

Paille en litière.

**7.** La **paille** d'avoine et celle de blé sont les meilleures de toutes. On les donne en **nourriture** aux animaux en les mélangeant avec le foin ; on en fait aussi leur **litière.**

**8.** Pour conserver la paille, on doit la mettre en **meules dans les champs ;** si on la ramassait dans des greniers elle s'échaufferait.

**9.** Le **seigle** est, dit-on, le froment de l'indigent ; il réussit dans des terrains où le blé ne donnerait qu'un faible produit ; on le sème en même temps que le blé, mais il murit plus vite.

Battage.

**10.** Avec le grain de seigle on fait un pain rafraîchissant. Sa paille sert de **litière** aux animaux ; on en fait aussi des **paillassons** pour les serres.

**11.** Avec l'**orge** on fabrique de la **bière ;** on

s'en sert aussi en **pharmacie.** Les chevaux mangent la **paille** de l'orge.

Maïs.

**12.** Dans le **Nord,** le maïs ne peut être cultivé pour le grain qui n'arrive pas à maturité ; mais c'est un **fourrage vert** de première qualité pour les bestiaux.

**13.** On y cultive au contraire beaucoup le **lin** qui exige une terre bien **préparée,** bien **ameublie,** bien **sarclée ;** on le sème au printemps et on le récolte quand ses feuilles jaunissent.

**14.** Pour obtenir la **filasse** du lin, on le fait **rouir** en le tenant submergé dans l'eau durant quelques jours. De ses graines on extrait de **l'huile à brûler.**

**15.** On cultive aussi dans le Nord le **colza** et **l'œillette,** dont l'huile est comestible.

**16.** On y cultive également le **houblon,** plante grimpante dont la fleur est employée

Houblon.

Tabac.

dans la fabrication de
bière et le **tabac,** dont
feuille, préparée de divers
manières, est très appréci
des fumeurs et des priseur

**17.** Mais. **le tabac e**
**par lui-même nuisible**
il détériore le goût et, si
en abuse, il peut occasionn
de graves maladies ; l'h
**giène le proscrit.**

---

*1. Qu'est-ce qu'on appelle céréales ? — 2. Quelle est la plus importa*
*des céréales ? — 3. Combien de mois le blé reste-t-il en terre ? — 4.*
*culture du blé demande-t-elle des soins ? — 5. Le blé résiste-t-il au froi*
*— 6. Après le blé quelle est la plus utile des céréales ? — 7. Que fait*
*de la paille ? — 8. Comment doit-on conserver la paille ? — 9. Qu'est*
*que le seigle ? — 10. Que fait-on du grain de seigle et de sa paille ?*
*11. Que fait-on de l'orge ? — 12. Pourquoi cultive-t-on le maïs dans*
*Nord ? — 13. Que savez-vous sur la culture du lin ? — 14. Comme*
*obtient-on la filasse du lin ? — 15. Citez deux plantes cultivées dans*
*Nord pour faire de l'huile ? — 16. Citez-en deux autres d'une cultu*
*spéciale ? — Que faut-il penser du tabac ?*

# 4. — PRAIRIES ; PLANTES-RACINES

**1.** On appelle **pâture** ou **prairie** toute pièce de terre réservée pour faire paître le bétail.

**2.** Les **prairies naturelles** demandent un **sol riche, frais** et doivent être engraissées chaque année, si l'on veut en obtenir un bon produit.

Prairie naturelle.

**3.** Les terrains qui leur conviennent le mieux sont les terrains **rapprochés d'un cours d'eau,** dont les crues survenant à la fin de l'hiver sont ainsi pour les prairies un excellent moyen de fertilisation.

**4.** Dans les prairies où l'on n'a pas mis de bétail, on **fauche** l'herbe dès que la **floraison** des plantes est terminée ; si l'on attendait davantage, la récolte ne serait pas d'aussi bonne qualité.

Fenaison.

**5.** L'herbe ainsi fauchée s'appelle **le foin ;** on l'accumule d'abord en petites **meules** jusqu'à ce qu'il commence à s'échauffer ; puis on l'**éparpille** pour l'exposer à l'air pendant un certain temps.

**6.** Les bonnes prairies fournissent une seconde récolte appelée **regain,** que l'on mélange avec de la paille bien sèche pour en modérer la fermentation.

**7.** On appelle **prairies artificielles** toute pièce de terre semée de plantes légumineuses ou graminées, comme le trèfle, la luzerne, le sainfoin.

**8.** On appelle **plantes-racines** ou **tubercules** celles dont la racine sert de nourriture à l'homme et aux animaux.

**9.** Les deux principales dans le département du Nord sont la **pomme de terre** et la **betterave.**

**10.** La pomme de terre nous est venue d'**Amérique** vers la fin

du XVI<sup>e</sup> siècle ; sa culture fut propagée par **Parmentier** vers 1775.

**11.** La pomme de terre se cultive en **plein champ** et se plante au **printemps ;** elle demande une terre **très fumée** et profondément **défoncée.**

**12.** C'est en **automne** qu'on arrache les pommes de terre ; mais avant de les ramasser, on les laisse quelques jours sur le sol, afin de les faire un peu **sécher.**

**13.** La **betterave** demande un terrain **très fumé,** profondément labouré et bien **ameubli.**

Betterave.

**14.** La **feuille de betterave,** quoique maigre fourrage, peut être donnée en nourriture aux animaux.

**15.** La **betterave** est utilisée dans l'industrie pour la **fabrication du sucre** ; le résidu de cette fabrication est donné en nourriture aux animaux.

---

1. Qu'est-ce qu'une pâture ? — 2. Que savez-vous sur les prairies artificielles ? — 3. Quels sont les terrains qui leur conviennent le mieux ? — 4. A quel moment doit-on faucher l'herbe des prairies ? — 5. Comment appelle-t-on l'herbe séchée ? — 6. Les prairies ne fournissent-elles qu'une récolte par an ? — 7. Qu'appelle-t-on prairie artificielle ? — 8. Qu'est-ce qu'on appelle plantes-racines ? — 9. Quelles sont les deux principales dans le département du Nord ? — 10. D'où nous est venue la pomme de terre ? — 11. Que savez-vous sur sa culture ? — 12. Sur sa récolte ? — 13. Que savez-vous sur la culture de la betterave ? — 14. Que fait-on de la feuille de betterave ? — 15. De la betterave elle-même ?

# RÈGNE MINÉRAL

## I — LES ASTRES

### 1. — ÉTOILES, PLANÈTES

**1.** On appelle **ciel** ou **firmament** la voûte azurée qui semble exister au-dessus de nós têtes et à laquelle les astres paraissent fixés.

Les cieux racontent la gloire de Dieu.

**2.** Les **astres** sont des corps lumineux que nous apercevons sur la voûte céleste quand la nuit est claire.

**3.** En réalité cette voûte céleste n'existe pas et nous avons devant nous **l'immensité de l'espace** auquel l'atmosphère donne une **teinte azurée.**

**4.** Les astres sont des corps **ronds** comme des boules ; on les divise en deux catégories : les **étoiles** et les **planètes.**

**5.** Les étoiles sont **lumineuses par elles-mêmes,** tandis que les planètes sont **rendues lumi- neuses** par les étoiles qui les éclairent.

**6.** Le **soleil** est une **étoile plus rapprochée** de nous que les autres ; comme chacune d'elles, il est le centre du mouvement de plusieurs planètes.

**7.** La **terre** et la **lune** sont des planètes **éclairées par le soleil.**

La terre dans l'espace.

**8.** Les **astres** sont tellement **nombreux** qu'ils forment sur la voûte céleste comme une poussière blanche et personne n'en connaît le nombre exact pas plus que les limites de l'univers.

**9.** Les étoiles sont fixes et gardent toujours la même position dans le ciel, tandis que **les planètes tournent** autour des étoiles.

**10.** La cause du mouvement des planètes est double : il y a une force qui les **pousse** dans l'espace et une autre qui les **attire** vers leurs étoiles.

**11.** Les **planètes** vont toujours avec la **même vitesse** et dans le **même sens,** car les deux forces qui agissent sur elles se font équilibré pour les maintenir à la **même distance** de leurs étoiles.

**12.** Ce mouvement si bien **calculé** des astres ne peut être l'effet du hasard, pas plus que le mouvement d'une

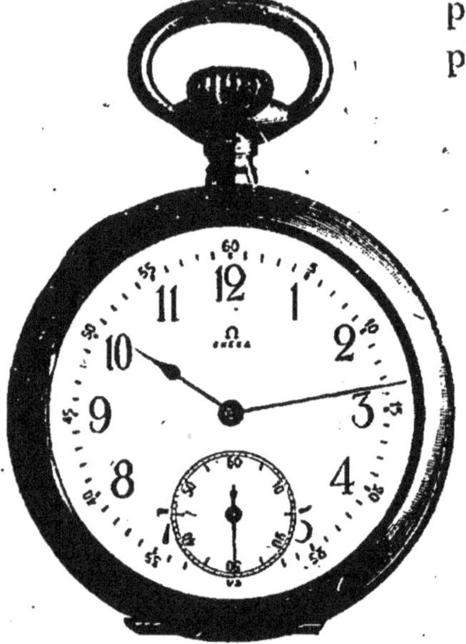

Montre.

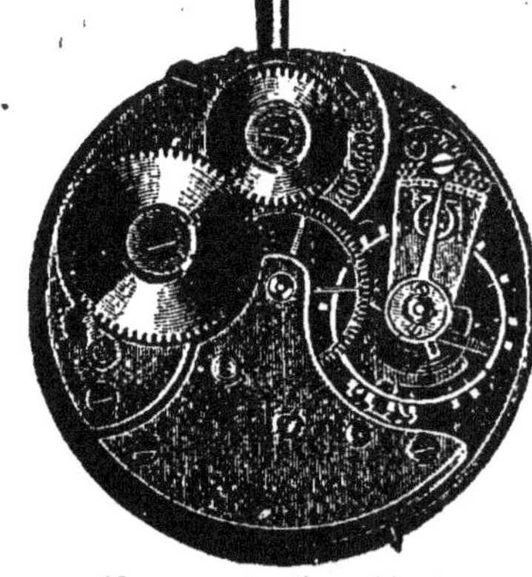

Mouvements d'une Montre.

montre ; voilà pourquoi la Sainte Ecriture dit que **« Les cieux racontent la gloire de Dieu. »**

**13.** Voltaire lui-même, malgré son impiété, l'a reconnu quand il a écrit :

« Le monde m'embarrasse et je ne puis songer
« Que cette horloge existe et n'ait pas d'horloger. »

---

*1. Qu'est-ce qu'on appelle ciel ou firmament ? — 2. Qu'est-ce que les astres ? — 3. Qu'est-ce que l'on entend par voûte céleste ? — 4. De quelle forme sont les astres ? — 5. Quelle différence y a-t-il entre les étoiles et les planètes ? — 6. Qu'est-ce que le soleil ? — 7. Qu'est-ce que la terre et la lune ? — 8. Les astres sont-ils nombreux ? — 9. Sont-ils immobiles ? — 10. Quelle est la cause du mouvement des planètes ? — 11. Le mouvement des planètes change-t-il ? — 12. Le mouvement régulier des astres n'est-il pas l'effet du hasard ?*

# 2. — LA TERRE ; LE SOLEIL ;
# LA LUNE

**1.** La terre a **deux mouvements :** elle tourne **sur elle-même** comme une toupie en 24 heures de l'ouest à l'est, et elle tourne **autour du soleil** en une année avec une vitesse de quatre cent mille lieues par minute.

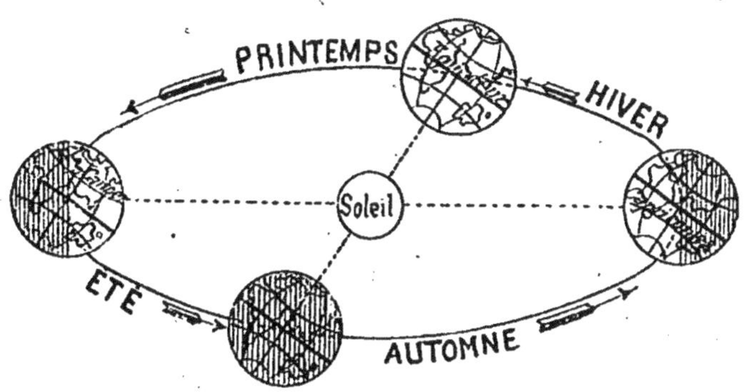


Les Saisons.

**2.** Le mouvement de la terre **sur elle-même** produit successivement le **jour** et la **nuit** en présentant alternativement aux rayons du soleil **chaque moitié** de la boule terrestre.

**3.** Le mouvement de la terre **autour du soleil** produit les **quatre saisons ;** les pays qu'elle expose plus directement au soleil ont **l'été** et de longs jours ; les autres ont **l'hiver** et de longues nuits.

**4.** Le **soleil** est une grosse boule embrasée : il est **un million et demi** de fois plus gros que la terre, dont il se trouve éloigné de **37 millions de lieues.**

**5.** Le soleil est pour nous la source de la **lumière** et de la **chaleur.** Toutes nos lumières artificielles pâlissent à côté de la sienne et sa chaleur dépasse de beaucoup toutes celles que nous produisons.

**6.** Là où n'arrivent pas les **rayons du soleil,** il n'y a ni **végétation** pour les plantes, ni **santé** pour les hommes et les animaux.

**7.** La **lune** est une boule plus petite que la terre et obscure par elle-même.

**8.** La **lumière** que nous envoie la lune n'est que le **reflet** des rayons qu'elle reçoit du soleil.

**9.** La lune a trois mouvements :** 1° elle tourne **sur elle-même** en un mois ; 2° elle tourne **autour de la terre** en un mois ; 3° elle tourne avec la terre **autour du soleil.**

**10.** On dit qu'il y a **nouvelle lune,** lorsque la lune se trouve **du côté** du soleil : nous ne voyons pas alors sa partie éclairée ; on dit qu'il y a **pleine lune,** lorsque la lune se trouve **à l'opposé** du soleil : nous voyons alors toute sa partie éclairée.

**11.** Quand la lune **passe juste dans la ligne droite** qui va du soleil à la terre, il y a **éclipse du**

Phases de la lune.

**soleil,** c'est-à-dire que la lune nous cache le soleil et par suite la lumière de celui-ci diminue plus ou moins.

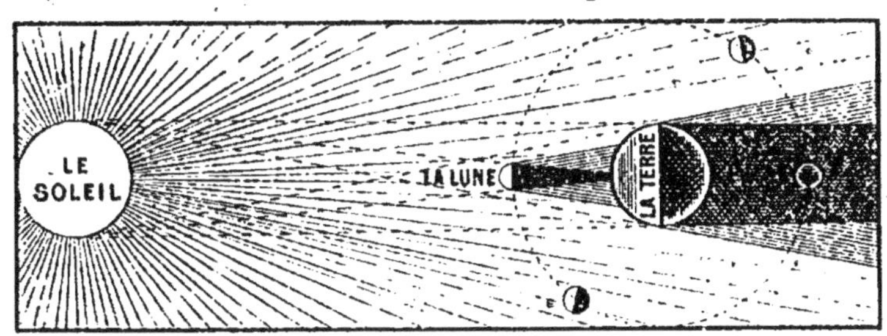


Eclipses.

**12.** Quand la terre se trouve **juste dans la ligne droite** qui va du soleil à la lune, il y a **éclipse de lune,** c'est-à-dire que celle-ci se trouvant derrière la terre, ne reçoit plus la lumière du soleil, bien qu'elle soit à l'époque de la pleine lune.

**13. L'admirable harmonie** de ces différents mouvements proclame hautement **la puissance de Dieu,** comme une **machine** prouve le **génie** de celui qui l'a inventée et fabriquée.

---

*1. Combien la terre a-t-elle de mouvements ? — 2. Que produit le mouvement de la terre sur elle-même ? — 3. Que produit son mouvement autour du soleil ? — 4. Qu'est-ce que le soleil ? — 5. Qu'est-ce qui nous vient du soleil ? — 6. L'influence du soleil sur la terre est-elle bienfaisante et nécessaire ? — 7. Qu'est-ce que la lune ? — 8. D'où vient sa lumière ? — 9. Combien a-t-elle de mouvements ? — 10. Quand est-ce qu'on dit qu'il y a nouvelle lune ? — 11. Qu'arrive-t-il lorsque la lune passe juste dans la ligne droite qui va du soleil à la terre ? — 12. Qu'arrive-t-il lorsque la terre se trouve juste dans la ligne droite qui va du soleil à la lune ? — 13. Qu'est-ce que prouve l'harmonie de tous ces mouvements ?*

# II — L'INDUSTRIE

## 1. — MINES & CARRIÈRES

**1.** La **houille** n'est autre chose que le **charbon qu'on retire du sol,** en y creusant des galeries souterraines appelées **mines.**

**2.** Il y a plusieurs mines très importantes dans les arrondissements de **Valenciennes** et de **Douai** ; les principales appartiennent à la Compagnie d'**Anzin** qui date de 1717.

**3.** Le **coke** est ce qui reste du charbon, quand on en a extrait le gaz d'éclairage.

**4.** Le **marbre** est une **pierre très dure** composée de charbon et de chaux combinée avec un gaz appelé oxygène ;

Mine de houille.

comme le charbon, **on le retire du sol** en y creusant des **carrières.**

**5.** Il y a plusieurs carrières de marbre dans l'arrondissement d'**Avesnes**, notamment à **Cousolre**.

**6.** Dans le **Nord** où il n'y a pas de pierre à bâtir, on construit avec des **briques** obtenues par la **cuisson de l'argile**.

**7.** On extrait le **fer** de la terre, à l'état de **minerai**, c'est-à-dire mélangé avec d'autres matières, dont on le sépare **en le chauffant très fortement** dans d'immenses fourneaux appelés **hauts fourneaux**.

Haut fourneau.

**8.** Il y a dans le **Nord** des gisements de fer et des hauts fourneaux, notamment à **Glageon**, à **Fourmies**, à **Denain** et à **Anzin**.

---

*1. Qu'est-ce que la houille ? — 2. Y a-t-il des mines de charbon dans le département du Nord ? — 3. Qu'est-ce que le coke ? — 4. Qu'est-ce que le marbre ? — 5. Y a-t-il des carrières de marbre dans le département du Nord ? — 6. Par quoi la pierre à bâtir est-elle remplacée dans le Nord ? — 7. Où trouve-t-on le fer ? — 8. Y a-t-il dans le Nord des gisements de fer et des hauts fournaux ?*

## 2. — PEIGNAGE & TISSAGE

**1.** Les principales matières propres à fabriquer de tissus sont : la **laine**, la **soie**, le **coton**, le **lin**, l chanvre et le **jute**.

**2.** La laine employée dans la fabrication des tissu nous vient sur tout de l'**Angle terre**, de l'**Aus tralie** et d l'**Amérique du Sud**.

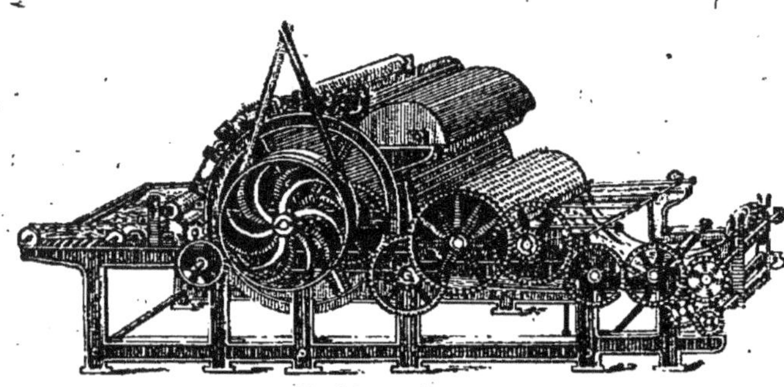
Machine à peigner.

**3.** La laine pour être trans formé en **fils**, subit une série d'opérations qu'on appelle battage, **peignage** et **filage** ; on les exécute dans de **filatures** à l'aide de métiers munis de **broches**.

**4.** Il y a beaucoup de peignages et de filatures dans le Nord, notamment à **Lille**, à **Roubaix**, à **Tour- coing**, à **Fourmies** et au **Cateau**.

**5.** Les fils de laine ainsi obtenus sont alors **entre- croisés** sur des métiers à **tisser**, et transformés en **tissus**, comme le drap, le

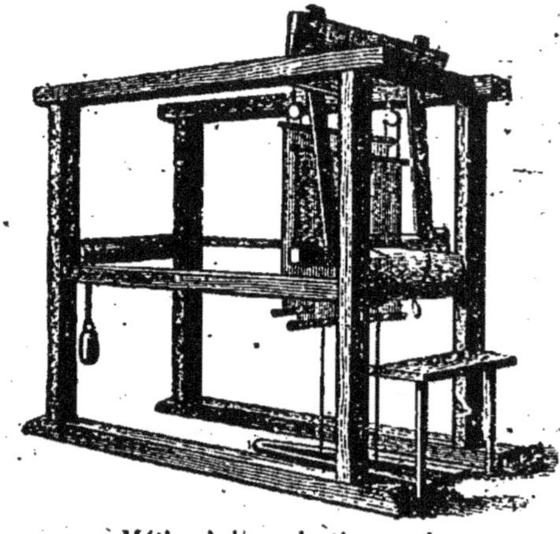
Métier à bras de tisserand.

velours, la flanelle, etc. ; ce travail se fait dans des fabriques par des **métiers mécaniques** ou à domicile par des **métiers à bras**.

**6.** Les tissages sont aussi très nombreux dans le Nord, notamment à **Roubaix**, à **Tourcoing** et à **Fourmies**.

**7.** Il y a encore des tissus de **lin** (toiles) et de **coton** ; le lin est cultivé dans le Nord ; le coton nous vient de l'Amérique et de l'Inde anglaise. Les principaux tissages de lin et de coton se trouvent à **Armentières**, à **Lille** et à **Halluin**.

---

*1. Avec quoi fabrique-t-on des tissus ? — 2. D'où vient la laine des moutons employée dans cette fabrication ? — 3. Comment est-elle transformée en fils ? — 4. Y a-t-il des peignages et des filatures dans le département du Nord? — 5. Que fabrique-t-on avec les fils de la laine ? — 6. Y a-t-il des tissages dans le Nord ? — 7. N'y a-t-il pas des tissus fabriqués avec autre chose que de la laine ?*

# III — L'AIR

**1. L'air** ne se voit pas : c'est ce qu'on appelle un **gaz**

La tempête sur le lac de Génézareth.

**2.** L'air est **nécessaire à la vie :** les hommes, les animaux, les plantes même ont besoin de le respirer pur et abondant.

**3.** Aussi l'air est **partout** il y en a **dans la terre,** qu'on laboure afin qu'il y pénètre plus facilement; il y en a **dans l'eau** d'où il s'échappe en petites bulles quand on la chauffe.

**4.** L'air est **nécessaire à la combustion :** sans air une cheminée ne tire pas et le feu ne prend pas.

Le soufflet active le tirage.

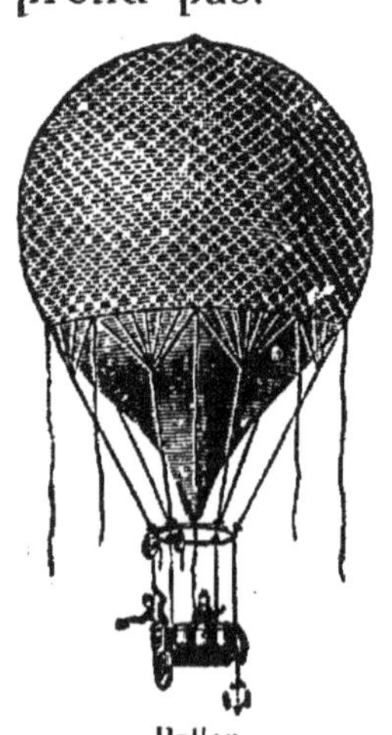
Ballon.

**5.** Quand il y a de l'air, au contraire, **la cheminée tire,** c'est-à-dire que **l'air chaud** plus léger que l'air froid passe en haut, tandis que **l'air froid** arrive en bas, ce qui produit un **courant d'air** ou du vent.

**6.** Le **vent** est en effet un grand courant d'air provoqué par la chaleur du soleil.

**7.** L'air chaud de certaines contrées **monte,** tandis que l'air froid arrivant d'autres contrées voisines **se précipite** à sa place.

**8.** L'air **supporte** les nuages et les **ballons** comme l'eau supporte des bouchons de liège.

**9.** Les nuages qui s'accumulent dans l'air, quand il fait chaud et lourd, produisent **l'orage,** c'est-à-dire l'électricité.

L'orage.

**10.** Ce qu'il y a de **dangereux** dans l'orage, c'est **l'éclair** qui est une **grande étincelle traversant brusquement l'air** entre deux nuages ou entre un nuage et la terre. Dans ce dernier cas on dit que **la foudre est tombée.**

**11.** Pendant l'orage, il ne faut jamais **s'abriter sous les grands arbres,** car par leur taille ils se trouvent

**plus rapprochés** des nuages et ainsi **plus exposés** au passage de l'éclair.

**12.** Quant au **tonnerre** ce n'est que le **bruit** de l'éclair ; il n'est pas plus dangereux que le craquement d'une étincelle.

**13.** L'éclair et le tonnerre sont produits **en même temps** ; mais nous voyons l'un avant d'entendre l'autre parce que la **lumière** nous arrive instantanément, tandis que le **son** ne traverse pas l'air aussi vite.

**14.** La foudre est pour nous un **signe de la toute-puissance de Dieu,** qui s'est manifesté sur le **mont Sinaï** ou milieu des éclairs et du tonnerre.

---

*1. Qu'est-ce que l'air ? — 2. L'air est-il nécessaire à la vie ? — 3. Où y a-t-il de l'air ? — 4. Peut-on faire du feu sans air ? — 5. Comment expliquez-vous le tirage d'une cheminée ? — 6. Qu'est-ce que le vent ? — 7. Comment est-il produit ? — 8. Qu'est-ce que l'air supporte ? — 9. Que produisent les nuages en été ? — 10. Qu'y a-t-il de dangereux dans l'orage ? — 11. Où est-il dangereux de s'abriter pendant l'orage ? — 12. Qu'est-ce que le tonnerre ? — 13. Pourquoi entendons-nous le tonnerre après avoir vu l'éclair ? — 14. La foudre n'est-elle pas le signe de quelque chose ?*

# IV — L'EAU

**1.** L'eau n'est pas moins **nécessaire à la vie** que l'air ; aussi Dieu l'a répandue **partout** dans la nature.

**2.** Elle nous est fournie par la **mer**, les **sources**, les **rivières**, les

Le déluge.

**fleuves**, les **lacs**, sans parler des **puits** par lesquels on va la chercher sous terre.

**3.** Dieu s'est servi de l'eau pour **punir** les premiers hommes et **détruire** avec eux jusqu'aux dernières traces de leur profonde corruption : c'est ce qu'on appelle le **déluge**.

L'eau bout.

**4.** Lorsqu'on fait **chauffer** l'eau elle commence par **chanter**, en laissant échapper quelques petites **bulles d'air** qui viennent crever à sa surface.

**5.** Peu à peu ces bulles deviennent plus nombreuses, plus agitées et on dit alors que **l'eau bout**.

**6.** En même temps on voit un **petit nuage** s'er
échapper : c'est de la **vapeur.**

**7.** Si alors on présente au-dessus
de ce nuage un verre. **froid,** celui-ci
se couvre de **gouttelettes** d'eau,
parce que la vapeur **refroidie** à son
contact, est redevenue **liquide.**

**8.** Les **nuages** supportés par l'air
sont de la **vapeur** qui s'est échappée
de la surface des eaux terrestres
**chauffées par le soleil.**

**9.** Cette vapeur monte ainsi quelquefois très haut dans l'espace ; si
elle y rencontre un **courant d'air
froid** (comme le verre de tout à

La vapeur refroidie se transforme en eau.

l'heure) elle se transforme en gouttelettes qui tombent
en **pluie.**

**10.** Si elle est
saisie par un courant
d'air **très froid,** elle
devient solide c'est-à-
dire **glace** et tombe
en **neige** ou en **grêle.**

**11.** L'eau est donc
tantôt **liquide,** tantôt
**solide** (glace), tantôt

Une marmite solidement fermée pendant que l'eau bout,
éclate sous l'action de la vapeur.

**gaz** (vapeur), et tous les corps peuvent passer par ces
trois états.

**12.** La **vapeur d'eau** est douée d'une **très grande force** d'expansion ; au point de faire sauter une marmite solidement bouchée d'où elle ne pourrait s'échapper.

**13.** On a utilisé cette **force de la vapeur** pour mettre en mouvement les roues des **machines,** comme les locomotives.

Locomotive.

---

*1. L'eau nous est-elle utile ? — 2. Où la trouve-t-on ? — 3. Dieu ne s'est-il pas servi de l'eau pour punir les hommes ? — 4. Que se passe-t-il quand on fait chauffer de l'eau ? — 5. Quand est-ce que l'eau bout ? — 6. Qu'est-ce qui s'en échappe alors ? — 7. Qu'arrive-t-il si on lui présente un verre froid ? — 8. D'où viennent les nuages ? — 9. Qu'est-ce qui produit la pluie ? — 10. Et la neige, la grêle ? — 11. Dans quel état l'eau existe-t-elle ? — 12. La vapeur d'eau a-t-elle une grande force ? — 13. Quel parti a-t-on tiré de la vapeur d'eau ?*

# PETITE CLÉ DE L'HISTOIRE SAINTE

(Jésus-Christ hier et aujourd'hui).

*Prix : 0'15 l'exemplaire illustré .*

### AVEC UNE CARTE DE LA TERRE SAINTE

Cet opuscule n'a pas la prétention d'être une Histoire Sainte ; il ne saurait non plus en tenir lieu.

On l'a composé simplement dans le triple but que voici :

1° Permettre à chaque école de garder l'Histoire Sainte qui s'y trouve en usage ;

2° Suppléer à ce que plusieurs d'entre elles peuvent avoir d'incomplet ;

3° Faciliter pour les maîtres et les élèves la préparation aux examens des certificats élémentaire et complémentaire.

Dans le programme de ces examens, en effet, une heureuse innovation a récemment introduit non le récit de l'Histoire Sainte, mais sa *signification* qui est véritablement la préface de la vie de Jésus-Christ.

# PETITE HISTOIRE DE LA RELIGION

## COMPRENANT

# L'HISTOIRE SAINTE

## ET UN RÉSUMÉ DE L'HISTOIRE DE L'ÉGLISE

### JUSQU'A NOS JOURS

par M. l'abbé VANDEPITTE, Doyen honoraire

La nouvelle édition compte 120 pages de texte et renferme 36 belles gravures

*Prix : 0'45 l'exemplaire cartonné*

Cette nouvelle édition, entièrement refondue, contient l'*Histoire Sainte* et, en plus, un résumé rapide de l'*Histoire de l'Église* jusqu'à nos jours.

C'est la **Petite Histoire de la Religion** la plus courte et en même temps la plus complète et la plus claire.

Voici comment s'exprime, sur le compte de cet ouvrage, l'*Ami du Clergé* du 15 Avril 1897 :

« On nous communique une petite **Histoire Sainte,** par M. le doyen VANDEPITTE, à laquelle nous donnons volontiers la palme sur toutes les autres. Et en voici la principale raison : c'est qu'à la suite de chaque chapitre, vous avez un petit paragraphe additionnel où est exposé, avec une netteté et une clarté qu'on ne trouve pas ailleurs, *le sens figuratif* des événements racontés. Nous pressons instamment tous les catéchistes de faire connaissance avec ce petit volume. — L'**Histoire Sainte** est complétée par une petite **Histoire de l'Eglise,** admirable aussi de clarté et surtout de sens ecclésiastique. »

Il ne suffit plus de nos jours d'apprendre aux enfants et aux jeunes gens de nos Ecoles catholiques, sous le nom d'*Histoire de l'Eglise*, un simple récit des Persécutions des premiers temps et des supplices infligés à nos Martyrs. Il est indispensable de leur présenter la vie et la marche de l'Eglise à travers les siècles, de leur faire connaitre son action civilisatrice et tous les services qu'Elle a rendu à la Science et à l'Humanité.

L'*Histoire de l'Eglise* peut et doit être mise sur le même rang que l'Histoire de France, à laquelle elle est intimement liée.

# L'HISTOIRE DE L'ÉGLISE

### par M. l'abbé VANDEPITTE, Doyen honoraire

**Nouvelle édition très joliment illustrée de gravures en couleurs différentes du texte**

## 221 Pages de texte et 44 Gravures

### Prix : 0'75 l'exemplaire

Lisez ce que dit sur cet ouvrage la savante revue l'*Ami du Clergé* dans son numéro de Mars 1900 :

Elle est d'apparence bien modeste, cette *Histoire de l'Eglise;* on dirait d'un petit livre à l'usage des enfants du catéchisme. Et les enfants n'y trouveront pas d'obscurité, pas de difficulté en effet; mais tous les autres, — ceux même qui font de l'étude de l'histoire leur occupation professionnelle (témoin le rapport de M. Salembier à l'archevêché de Cambrai) — seront enthousiasmés devant l'admirable vue d'ensemble, devant le panorama de l'histoire ecclésiastique que leur découvrent ces pages.

En ces pages tout est clair, tout est simple, tout est à la portée des enfants, jusqu'à ces gravures en couleurs, si imposantes à la fois et si réjouissantes. La disposition du texte est celle des manuels élémentaires : en tête de chaque chapitre, un *sommaire* qui expose brièvement les faits, puis une série de *questions* qui excitent et soutiennent l'attention, enfin des remarques judicieuses et frappantes qui donnent la suite providentielle et le sens chrétien des événements.

Mais, circulant à travers tout cela et planant au-dessus de tout cela, quel amour profond de l'Eglise ! quel esprit de foi ! quel sens surnaturel ! quelle vie et quelle flamme ! Sous un si mince volume il semblerait qu'il n'y eût pas de place pour les détails. Feuilletez pourtant ces pages, et vous serez émerveillé de la masse de souvenirs qu'elles vous rappellent. C'est toute l'histoire de l'Eglise qui repasse sous nos yeux, qui vous emplit l'esprit et le cœur ; tellement on a mis d'art à choisir, entre la multitude indéfinie des faits, ceux qui sont vraiment frappants, révélateurs, têtes de file ; tellement on a su dresser en relief et dans un vigoureux éclat les grands sommets et les côtés lumineux des événements !

Rapport présenté à l'Archevêché de Cambrai par M. le Docteur Salembier, professeur d'histoire à l'Université catholique de Lille.

« Cette **Histoire de l'Eglise,** très courte et très claire, est indispensable dans toutes les écoles vraiment chrétiennes.

« Ce livre corrigera les idées fausses que les enfants du peuple et même les hommes ont pu puiser dans les manuels sectaires ou neutres, que l'on est surpris de rencontrer encore quelquefois entre les mains catholiques.

« Nombre de remarques apprendront aux élèves la vérité sur l'esclavage antique que l'Eglise est venue abolir, sur les corporations du temps de saint Louis, sur l'état de l'instruction publique avant la Révolution, sur les efforts qu'ont fait les Papes pour protéger les écoles, l'agriculture et l'industrie, etc.

« Dans cet ouvrage, l'auteur ne se contente pas de citer seulement des faits, il les réunit et nous montre la main de Dieu dans la succession des événements. »

D<sup>r</sup> SALEMBIER.

# CATÉCHISME DE 1ʳᵉ COMMUNION

par M. l'abbé VANDEPITTE, Doyen honoraire

324 PAGES DE TEXTE, 40 BELLES GRAVURES INÉDITES

0ᶠ75 *l'exemplaire cartonné*

ARCHEVÊCHÉ
DE
CAMBRAI

*14 Mars 1899.*

*Monsieur le Doyen*

*En vous faisant retourner l'exemplaire du Catéchisme expliqué que vous nous avez adressé, nous tenons à vous donner, non seulement l'approbation officielle, mais encore les plus sincères félicitations.*

*Vous avez fait un excellent travail, clair, précis, bien à la portée des jeunes intelligences auxquelles il s'adresse.*

*Vous avez donc, à notre avis, rendu un utile service à l'enseignement chrétien dans le diocèse de Cambrai.*

*Recevez l'expression de nos sentiments dévoués en N.-S. J.-C.*

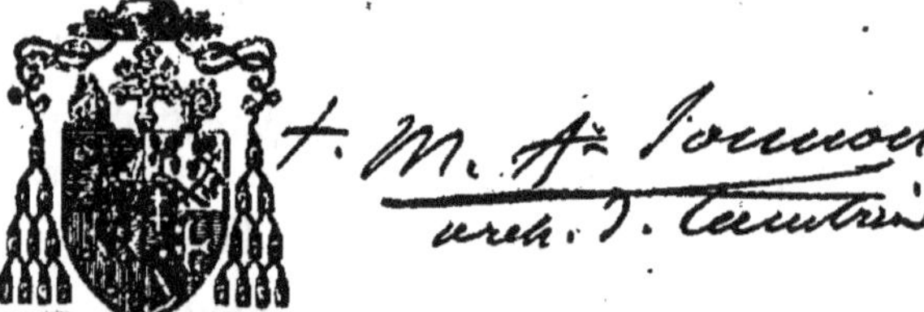

*† M. Aʳᵉ Sonnois,
arch. d. Cambrai*

Nous ne pouvons citer toutes les lettres élogieuses adressées à l'auteur pour cet ouvrage, dont le succès est si grand, qu'en l'espace de neuf ans dix-huit éditions ont été épuisées.

Ce Catéchisme est indispensable aux enfants qui se préparent à la 1ʳᵉ Communion.

« Je suis émerveillé de la science « religieuse des enfants de la 1ʳᵉ « Communion qui se servent du « Catéchisme de M. Vandepitte. »

LECOCQ, Chanoine,
*Archiprêtre de la Basilique métropolitaine de Cambrai.*

Sa Grandeur Mgr SONNOIS, Archevêque de Cambrai, a bien voulu adresser à l'auteur une lettre de félicitation et d'encouragement, qui est l'attestation la plus haute et la plus probante de l'utilité de ce Catéchisme.

# CATÉCHISME DE PERSÉVÉRANCE
### par M. l'abbé VANDEPITTE
*Prix : 1ʳ75 l'exemplaire cartonne*

Ce Catéchisme complète le Catéchisme de 1ʳᵉ Communion ; il est destiné spécialement aux Cours de Persévérance, aux Etablissements d'instruction secondaire et aussi aux Maîtres et Maîtresses des Cours de Catéchisme.

Les notions d'Apologétique, qui enrichissaient déjà la 6ᵉ édition, sont désormais complétées par un résumé substantiel d'Histoire de la Religion et de Morale générale, adapté aux besoins des Collèges et des Pensionnats.

GRAND CATÉCHISME DU DIOCÈSE, *l'exemplaire cartonné.* . . . . . 0 35

PETIT CATÉCHISME DU DIOCÈSE,          —          — . . . . . . 0 15

—      —          —          —      — *dos toile*. . 0 18

# ABEILLE DES PETITS ENFANTS
## *ou Explication sommaire du Petit Catéchisme*
### par M. le Chanoine X..., Vicaire général
*Prix : 0ʳ25 l'exemplaire cartonné*

# PETITE CIVILITÉ DE L'ENFANT CHRÉTIEN
### par M. l'Abbé VANDEPITTE, Doyen honoraire
*OUVRAGE A L'USAGE DES JEUNES ENFANTS DES ÉCOLES CATHOLIQUES*

L'*Ami du Clergé*, du 15 avril 1897, s'exprime ainsi sur la **Petite Civilité** de M. l'abbé VANDEPITTE :

Q. — *Prière d'indiquer une Petite Civilité à l'usage des enfants, aussi peu coûteuse que possible.*

R. — On vient de nous en faire connaître une qui est excellente : **Petite Civilité de l'Enfant chrétien**, par M. le Doyen VANDEPITTE, in-18ᵈ de 64 pages avec vignettes, broché 0 fr. 15, cartonné 0 fr. 20 (remises par nombre). Cambrai, Fernand et Paul DELIGNE, éditeurs. — **C'EST UNE PETITE MERVEILLE.** — Civilité dans la famille, en classe, dans les rues, en visite, à l'église : ce petit volume est une démonstration exquise du mot de Joubert, que « la politesse est la fleur de la charité ».

ÉDITION ILLUSTRÉE. — 64 Pages, 14 gravures.

*Prix :*     0ʳ20 *l'exemplaire cartonné, dos toile.*

—          0 15          —          *broché.*

—          12ʳ » *les 100 exemplaires brochés.*

# L'ÉVANGILE DU DIMANCHE
## ET DES PRINCIPALES FÊTES DE L'ANNÉE
### EXPLIQUÉ VERSET PAR VERSET

**Nouvelle Edition** *illustrée et augmentée des Evangiles de l'Annonciation, de la Fête d'un martyr, de plusieurs martyrs, etc., des vierges, de la Messe de mariage, de la Messe des funérailles.*

FORMAT 0,11 × 0,17. — 448 PAGES. — 26 GRAVURES

**Reliure imitation chagrin**

*Prix :* **2 fr.** *l'exemplaire.* — *Franco par poste,* **2ʳ35**

## APPROBATION DE LA 8ᵉ ÉDITION

**ARCHEVÊCHÉ DE CAMBRAI**                    *Cambrai, le 19 Janvier 1900.*

CHER MONSIEUR LE DOYEN,

*Il y a une grâce spéciale attachée à toute parole prise dans l'Evangile. Or, vous donnez l'Evangile entier. Dès lors quelle source de bénédictions ! Dieu a souri à votre livre. N'était-ce pas le sien ? Vous arrivez à la huitième édition et j'ose prédire que ce n'est pas la dernière.*

*Quand Madame de Sévigné disait : « Nous allons en Bourdaloue » et quand elle ajoutait : « il m'a ôté la respiration pendant deux heures » c'était à propos d'un enseignement solide, tiré presque mot pour mot de l'Evangile. Prêchons-le sous toutes les formes et à toute créature. Les peuples n'ont besoin que de Vérité.*

*Ayant la vérité, ils vivent et ils marchent, car alors ils ont un conducteur infaillible : « Ego sum Via, Veritas et Vita. »*

*En des jours d'athéisme et de négation absolue comme les nôtres, où le poison de l'impiété menace les intelligences, il est utile d'affirmer et d'affirmer encore le bien fondé du dogme et de la morale évangéliques.*

*Catéchiser, instruire, éclairer, c'est l'œuvre capitale du prêtre. Continuez ce noble labeur, cher Monsieur le Doyen, avec ce zèle intelligent et ce sens théologique que j'admire dans vos publications.*

*Agréez, cher Monsieur Vandepitte, l'assurance de mon fraternel dévoûment.*

ÉMILE LOBBEDEY,
*Docteur en théologie, Vic. gén.*

Ce nouveau livre de M. l'abbé VANDEPITTE a reçu, dès son apparition, l'accueil le plus favorable. Nombre de prêtres et de Maisons religieuses s'en servent aujourd'hui avec profit.

« C'est un véritable Catéchisme de l'Evangile, » a dit l'*Ami du Clergé.*

La *Revue des Sciences ecclésiastiques,* publiée sous la direction de M. le docteur J. DIDIOT, s'exprime ainsi :

« *Nous considérons cette publication comme très opportune pour toutes les classes de fidèles et pour le clergé lui-même qui en tirera profit au catéchisme, au confessionnal et en chaire.* »

Ce livre est suivi des prières de la Messe et des Vêpres : ce qui le rend tout à fait pratique entre les mains des fidèles et dans les Maisons d'éducation.

*La reliure de la nouvelle édition est modifiée et donne au volume l'aspect d'un paroissien avec couverture gaufrée.*

# RÉPERTOIRE DES ÉCOLES CHRÉTIENNES du Diocèse de Cambrai

*Contenant la liste complète des Ecoles du Diocèse*

avec des indications pratiques sur la législation scolaire et l'exposé exact et complet de tout ce qui y est organisé pour favoriser, développer et diriger l'enseignement dans les écoles libres. — Cette brochure contient des dessins de tables et de mobilier scolaire.

*L'exemplaire :* **0ᶠ50.**

---

**L'ALPHABET DU MÉNAGE** — *Notions de la tenue d'un Ménage,*
à *l'usage des jeunes filles,* — par Mᵐᵉ X... — L'exemplaire . . . . **0 20**

---

**LE LIVRE DES DICTÉES** données dans les examens, concours,
inspections. — L'exemplaire . . . . . . . . . . . . . . . . **1 75**

---

# LITANIES DU SACRÉ-CŒUR DE JÉSUS

### ÉDITION DE LUXE

Feuilles doubles, format d'un paroissien, imprimées en rouge et noir et suivies de la formule de consécration au Sacré-Cœur de Jésus.
*L'exemplaire,* **0ᶠ05.** — *Le cent, franco par poste,* **1ᶠ50.**

---

## Autres Ouvrages de M. l'abbé VANDEPITTE :

**Petite Histoire de Notre-Seigneur Jésus-Christ** . . . . . . **0ᶠ40**

**Histoire de Notre-Seigneur Jésus-Christ** avant, pendant et
après sa vie mortelle . . . . . . . . . . . . . . . . . . **1 25**

Ces deux livres, composés pour les Ecoles, ont reçu les plus flatteuses Approbations et sont appelés à faire un très grand bien ; c'est un résumé substantiel de l'Evangile, par demandes et par réponses.

**Précis d'Histoire de France** (cours élémentaire) . . . . . . **0 70**

**Petite Histoire de France** (deuxième cours) . . . . . . . . **1 25**

**Histoire de France** (cours complet) . . . . . . . . . . . . **2 50**

Le **Cours d'Histoire** de M. Vandepitte, violemment attaqué par la presse maçonnique du Nord et du Midi, s'est répandu promptement dans un très grand nombre de Collèges et d'Ecoles libres.

De hauts témoignages dont il a été honoré le recommandent à l'attention de tous les Maîtres chrétiens.

## CHOIX DE PIÈCES POUR PENSIONNATS & PATRONAGES

**LA GROSSE CAISSE** { Comédie nouvelle en un Acte — Grande scène villageoise, avec nombreux personnages, pour jeunes gens . . . . . . 1·50

Le Docteur de Martincrac (Saynète pour jeunes gens) . . . . 0 75

Marguerite de Castel-Vaillant (drame en trois actes, p<sup>r</sup> jeunes filles) 0 75

La Bonne du Sous-Préfet (comédie en deux actes)     —     0 60

Hélène O'Brian (drame semi-historique avec chants)     —     0 75

## SOUS PRESSE

*Nouvelle série de petites Pièces pour jeunes gens et jeunes filles*

PARAITRA EN OCTOBRE   # UN NOËL   PARAITRA EN OCTOBRE

par M. l'abbé BODDAERT

Scène avec Chants, pour petits garçons ou petites filles

*De fortes réductions sont faites sur le prix des petites Pièces prises par 6 ou 12 exemplaires, suivant le nombre des personnages. — Ces réductions varient de **20 à 40** %.*

CAMBRAI. — FERNAND ET PAUL DELIGNE, IMPRIMEURS DE L'ARCHEVÊCHÉ.

IMPRIMERIE F. & P. DELIGNE
CAMBRAI

www.ingramcontent.com/pod-product-compliance
Lightning Source LLC
Chambersburg PA
CBHW061421060726
47597CB00003B/1116